Volker Schwarz

Einer der endlos tippenden Affen liefert erste Ergebnisse

21 Kurzgeschichten aus dem Unterholz der Ratio

Die erfolgreichsten Texte, verfasst für die *get shorties*-Lesebühne.
Teilweise bereits erschienen in Buchform in den
„get shorties"-Anthologien Nr. 5 - 13, Maringo Verlag
www.maringoverlag.de

Für meine Eltern
Es ist nicht ihre Schuld

Impressum
Einer der endlos tippenden Affen liefert erste Ergebnisse
Volker Schwarz
Copyright: © 2012 Volker Schwarz
Published by epubli GmbH, Berlin
www.epubli.de
ISBN 978-3-8442-3174-8

Das Theorem der endlos tippenden Affen
(Infinite-Monkey-Theorem)

Lässt man eine unendliche Anzahl Affen unendlich lange gleichzeitig auf Schreibmaschinen tippen, so wird einer davon irgendwann die Werke Shakespeares schreiben.

Inhalt

1. Dein Körper ist dein Tempel
   - Chronik einer Midlife Crisis, Teil I

2. Mein Jahr mit Roderich

3. Kein Anschluss unter dieser Nummer

4. Die Hölle, das sind die anderen
   - Chronik einer Midlife Crisis Teil II

5. Krambambuli oder das Tor zum Paradies

6. Cineastische Happy-End-Theorie

7. Treibe Sport ... sonst bleibst du gesund
   - Chronik einer Midlife Crisis Teil III

8. Große Erwartungen

9. Mutmaßungen über Julia

10. Das kann ja Eiter werden
    - Chronik einer Midlife Crisis Teil IV

11. Lieber Frederic

12. Das Feuerwehrfest

13. Denn im Wald da sind die Räuber
    - Chronik einer Midlife Crisis Teil V

14. Chicago 1930

15. Chicago 1930 - Drei Jahre später

16. Regal-Gespräch

17. S.P.Q.R.

18. Galileo

19. Die Liebenden von Waterloo

20. Der Alchimist von Syrakus

21. Vorbereitete Dankesrede eines Autors im Falle seiner Auszeichnung mit dem Literatur-Nobelpreis

Dein Körper ist dein Tempel
Chronik einer Midlife Crisis
Teil I

Und Jesus ging in den Tempel hinein und trieb heraus alle Verkäufer und Käufer im Tempel und stieß um der Wechsler Tische und die Stühle der Taubenkrämer und sprach zu ihnen: Es steht geschrieben: „Mein Haus soll ein Bethaus heißen; ihr aber macht eine Räuberhöhle daraus..."
Reinigung des Tempels, Matthäus 21,12-16

Ja, dein Körper ist dein Tempel - du erwachst in seinen Ruinen nach durchzechter Nacht. Das Hauptgebäude liegt völlig zerschmettert danieder, nur über der Kanzel dröhnen die Glocken, als gälte es den Weltuntergang anzukünden.
Übelkeit pocht ans Portal.
Wenige Augenblicke später findest du dich wieder, über das gähnende Maul des Lokus gebeugt, brockenwürgende Zwiesprache mit dem sanitären Untergrund haltend. Sodann wieder regungslos auf deinem Lager dahin siechend, flehst du nur noch darum, man möge dir endlich die Sterbesakramente erteilen.
Es ist ein Morgen nach einem schlimmen Tag, an dem du wieder einmal über Sinn und Sein deiner selbst gegrübelt und daraufhin versucht hattest, deine Sorgen in Alkohol zu ertränken - vergeblich, wie du feststellen musstest, sie konnten alle schwimmen.
Nehmt es von mir! In deinem Elend beteuerst du den Göttern Besserung und Sühne, mögen sie dich nur endlich aus deiner Agonie erlösen. Doch die Götter schweigen. Sie sind wohl noch erzürnt vom letzten Mal. Vor zwei Wochen erst hattest du ihnen in ähnlicher Verfassung gelobt, ein anderer Mensch zu werden. Wohl wahr,

du konntest ja nicht wissen, dass dieser auch gerne mal ein Gläschen trinkt.

Dein paralysierter Zustand gibt dir Gelegenheit zur Selbstkritik: Tief unten, in deines Tempels Seelengewölben, ahntest du längst die Baufälligkeit deiner Fundamente; spürtest schon seit Jahren, dass der Putz zu bröckeln begann. Doch das unheilvolle Menetekel, von allerlei Suchtmitteln an deine Tempelwand gepinselt, wurde von dir störrisch ignoriert. Hättest wohl früher einmal auf den Hausarzt hören sollen, als er süffisant bemerkte, in deinem Alter wäre man nicht mehr gesund, sondern bloß nicht richtig untersucht. Während deiner letzten Generalinspektion glaubtest du, gehört zu haben, wie er in seinen Bart brummelte, dass man dich, wärest du ein Pferd, erschießen müsste.

Nackt stehst du jetzt vor dem Spiegel und blickst rotäugig durch Tränensäcke, die groß genug wären, um Old Shatterhand als Satteltaschen zu dienen. Kinn und Hals werfen Falten, als hättest du eine Spiralfeder verschluckt. Dieser Spiegel hat entweder eine Wölbung oder deine Hüften sehen tatsächlich so aus. Diesen Zustand nennt der Volksmund *Die Münchner Krankheit: Stau am Mittleren Ring*.

Angewidert betrachtest du deinen aufgedunsenen, 46jährigen Leib, der erschreckende Ähnlichkeit mit einer Wasserleiche aufweist. Und da kommt sie auch schon wieder angedackelt, diese Minderwertigkeit, und drischt dir mit psychologischer Keule immer auf dieselbe Stelle.

Doch zeigt sich endlich ein Silberstreif. Leider nicht am Horizont, jedoch an deinen Schläfen. Oje, schon bald wird deine Haartracht komplett im Friedhofsblond erstrahlen. Nun ja, zumindest der Teil, welcher bis dahin noch nicht diesen gefräßigen Geheimratsecken zum Opfer gefallen wäre - ist es doch nur noch eine Frage der

Zeit, dass ein extrem breiter Mittelscheitel deine Runkelrübe zieren wird. Um diesen dann noch zu kaschieren, müsstest du dir die Augenbrauen nach hinten kämmen. Oder eine kleidsame Perücke tragen. Anhand der unzähligen Runzeln auf deiner Stirn, ließe sich diese sicherlich bequem aufschrauben.

Krise perfekt. Deprimiert stehst du nun da in deiner ganzheitlichen Hässlichkeit und bist dir gewiss, dass dich niemals mehr jemand lieben wird.

An diesem historischen Punkt trifft dich die Erkenntnis schmerzhaft wie ein Bußgeldbescheid: Es muss sich etwas ändern! Dein derangierter Körper benötigt umgehend eine Gesundheitsreform. Die Pfunde müssen runter, ehe man dir noch eine eigene Postleitzahl verleiht.

Leibesübung scheint ja die Lösung zu sein, wie man die Leute so gerüchteweise sagen hört. Was genau aber tun? Extremes Auf-der-Couch-sitzen und erbitterte Tresenmarathons machten Dich im Laufe der Jahre in etwa so beweglich wie einen Amboss. Einen Amboss auf einem Betonsockel, wohlgemerkt. Somit hält dir das Schicksal wenige Optionen bereit. Eigentlich nur jene Institution, in welcher man mittels raffinierter Mechanismen seine aus kontraktilen Faserbündeln bestehenden Gewebsorgane gewaltsam zur Verkürzung zwingt, um innere Zugkräfte zu erzeugen, was die Fibrillen bei wiederholter Anwendung straffen und so zu allgemeinem Wohlbefinden führen soll, sprich: das Fitness-Studio um die Ecke.

Schon ereilt dich diese Vision. Darin siehst du dich schweißtriefend und mit angeschwollenen Muskeln gigantische Gewichte stemmen, Liegestütz einarmig mit Hochfrequenz absolvieren, den Trimmrad-Dynamo in sprühendem Funkenregen heißlaufen lassen und Jungfrauen den Klauen feuerspeiender Drachen entreißen.

Ja, so wird's gemacht!

Doch soll die innere Reinigung mit Meister Proper erfolgen. So gehst du hinein in deinen Tempel und treibst hinaus die niederträchtigen Spirituosen- und Tabakhändler, jagst die Versuchung davon wie einen räudigen Hund. Dies führt dazu, dass du nach drei Tagen des Entzuges leicht zitternd und wenig motiviert vor den Toren des Fitnesscenters „CorporeSano" erscheinst.

Eine seltsame Welt ist es, die du da betrittst.

Diverse Reize stürmen schon eingangs auf dich ein. Zuerst fällt dein Blick auf eine wenig sittsam gekleidete Dame, welche, ein buntes Glas haltend, die Getränkebar ziert. Das bezaubernde Nichts, das sie beinahe trägt, betont perfekt ihren anmutigen Körper und ermöglicht am üppigen Dekolleté tiefe Einblicke in ihr weibliches Wesen. Du lächelst sie an, wirst von ihr allerdings nicht einmal ignoriert. Bevor man dir dein Gaffen als Sittendelikt auslegt, schweifst du mit deinen Blicken weiter.

Um dich herum ist eine ächzende Maschinerie im Gange - ein pulsierender Mechanismus, halb Mensch, halb Stahl. Über diesem Menschenapparat schwebt der dunkle Schatten des Gehörsturzes, denn die lauten Techno-Trommeln mahnen beständig zur Bewegung. Die Stereoanlage ersetzt den Galeerenpauker und der Kraftsport-Sklave pullt im Takt.

So stellst du dir den neunten Kreis der Hölle vor.

Dein persönlicher Fitnesstrainer heißt Rüdiger, dessen Anblick dich unmittelbar an ein Lied der Ersten Allgemeinen Verunsicherung denken lässt. Und so nennst du ihn im Stillen „Ahugahaga", da ihn die Lautmalerei dieses Wortes vollständig beschreibt. Du trottest ihm hinterher von Bizeps-Bank zu Trizeps-Traverse, von Waden-Wuchte zu Abdomen-Apparat, vom Hüft-Hobel zum Schließmuskel-Straffer. In der Hand hältst du stets deinen individuellen Trainingsplan, was dich vermutlich

aussehen lässt, wie einen überarbeiteten Raketen-Wissenschaftler aus alten James-Bond-Filmen.
Schnell fällt dir die Monotonie auf, welche sämtlichen Übungen innewohnt. Sie fordert dem Anwender die Fähigkeit ab, sich zeitweise in das Gemüt eines sizilianischen Hausesels zu transzendieren. Zudem lassen sich die Hebel, Griffe und Stangen sämtlicher Streckbänke und Guillotinen nur durch ein utopisch hohes Maß an Kraft bewegen. Und noch realitätsfremder ist die von Ahugahaga verordnete astronomische Anzahl der Wiederholungen. Diese wird von dir allerdings mit einem verlegenen Lächeln für abschlägig beschieden, dreimal hin- und hergeschwungen reicht dir völlig. Nachdem dir der hinterhältige Crosswalker die Beine verknotet hat, empfiehlt dein Trainer resigniert eine Pause inklusive Stärkung. Während du ein grelles Gesöff trinkst, von dessen Ingredienzien du niemals die Namen erfahren willst, erklärt dir Ahugahaga das kleine Universum des „CorporeSano". Seiner These zufolge lässt sich das Klientel einer Muckibude hauptsächlich in drei Kategorien unterteilen: Fanatiker, Narziss und Verlierer.
Die Fanatiker sind vorwiegend Modelle der Ahugahaga-Klasse. Für diese Eiweiß-Titanen ist das tägliche Training gleichzeitig Sucht und Lebensinhalt. Sitzend, liegend oder stehend werden von ihnen Lasten bewegt, die einem Normalsterblichen die Gliedmaßen ausreißen oder sie unmittelbar zu Knochenmehl verpuffen lassen würden. Den jeweiligen Anstrengungsgrad ihrer Lektionen lassen die Fanatiker durch Modulation ihrer Atemgeräusche erkennen, meist röhren sie jedoch wie Elche in der Brunftzeit.
Und dann wären da die Narzisse, bussi bussi. Sie sehen sich als die Aristokraten in der Studio-Hierarchie, obwohl noch niemals blauer Schweiß an ihnen entdeckt

werden konnte. Das Trainings-Terrain der Narzisse umschließt auch die Getränkebar, wo sie mit dermatologisch verdammenswert getoasteter Haut gerne telefonierend Hof halten. Hierbei schreibt der Dresscode knallbunte, hautenge Sportkleidung vor, deren Anblick beim Unwissenden eventuell den Eindruck auslöst, die Belegschaft der Marvel-Comics halte hier soeben ihre Betriebsversammlung ab.

Das Gros der Mitglieder wird jedoch von den Verlierern gebildet. Bei ihnen handelt es sich vorwiegend um sympathische, übergewichtige Menschen mittleren Alters mit kurzer sportiver Halbwertszeit. Eine temporäre Bewusstseinstrübung, worin sie sich als muskelbepackte, Jungfrauen rettende Drachentöter auf flammenschlagenden Trimmrädern sehen, treibt diese Phantasten der Bizepsplantage in die Arme. Ahugahaga gibt ihnen höchstens die Länge einer Zehnerkarte. Lethargie bilde sich halt leichter als der Latissimus, bemerkt er in leicht abschätzig gehaltenem Tonfall und schaut dich dabei merkwürdig an.

Zum Abschluss des Trainings empfiehlt dir dein Coach noch einen Saunagang. Vermutlich möchte er dich wenigstens einmal schwitzen sehen.

Die Sauna ist ein Käfig voll nasser Narren.

Kaum pfercht man einige Menschen auf sechs Quadratmetern zusammen, fühlt sich anscheinend sogleich ein jeder genötigt, eine Unterhaltung vom Zaun zu brechen. Muss an der Hitze liegen. Die Gesprächsinhalte erstrecken sich von dilettantischer Sportfachsimpelei über die Lage der Nation bis hin zum Crashkurs im Aquariumsbau. Man spricht, während man seine Hände beständig schmatzend und schlürfend über Arme und Beine streichen lässt und der eigene Schweiß die Körper und Handtücher der anderen bespritzt.

Nach drei Durchgängen im Dampfkessel bist du gar. Mit dem Gefühl perfekter innerer und äußerer Reinheit trittst du schließlich deinen Heimweg an.
Ja, dein Körper ist dein Tempel.
Du erwachst in seinen Ruinen tags darauf nach deinem ersten Training. Das Hauptgebäude liegt völlig zerschmettert danieder, die Gliedmaßen vor Schmerz ganz steif. So bleibst du vorerst regungslos liegen und wartest darauf, dass man dir die Letzte Ölung erteilt.
Als du später Ahugahaga anrufst, um deinen nächsten Termin abzusagen, singst du ihm den Muskelkater-Blues. Dein Trainer bemerkt daraufhin völlig sachlich, dass es sich in deinem Falle ja nur um Phantomschmerzen handeln könne. Du legst resigniert auf, blickst kopfschüttelnd auf den Kontrakt, den du mit dem „CorporeSano" über ein Jahr Laufzeit abgeschlossen hast und du weißt, dass du dorthin nie wieder gehen wirst.
Anatomie ist Schicksal, sagt Siegmund Freud. Also stellst du dich deinen Dämonen, indem du dich mit deiner Figur reumütig versöhnst. Dem Rauchen willst du künftig abschwören, dafür öfters spazieren gehen und Alkohol nur noch in kleinen Dosierungen einnehmen. Die Stützliege ersetzt wieder die Liegestütz und die bedrängten Jungfrauen hast du längst dem Drachen überlassen.
Als die Kraft zu Ende ging, war es nicht Sterben, sondern Erlösung. Amen.

Mein Jahr mit Roderich

25. August. Sitze mit meiner Liebsten wie üblich am Frühstückstisch, als sie mich plötzlich in diesem speziellen und von mir so gefürchteten Tonfall anspricht, den nur Frauen zustande bekommen und der wie ein Vorschlag klingt - in Wirklichkeit ist es aber ein Beschluss! Nachdem wir uns nun dieses traumhafte alte Bauernhaus auf dem Land gekauft haben, flötet sie, sollten wir doch auch das süße Katerchen der Vorbesitzer übernehmen. Man dürfe das arme Tier doch nicht skrupellos aus seiner gewohnten Umgebung reißen.
Na, von mir aus, behalten wir das Vieh. Hatte ja noch nie eine Katze als Haustier. Wozu auch, wenn man bedenkt, dass die einen ja nur deshalb nicht fressen, weil man größer ist. Ich erinnere mich aber noch daran, dass sich mein Großvater auf dem Bauernhof zwei Katzen hielt, mit denen er abends seine ledernen Reitstiefel polierte.
1. September, morgens. Sind heute also eingezogen. Dieses rustikale Haus war ein echtes Schnäppchen. Zwangsverkauf. Gehörte davor einem jungen Ehepaar, das sich aber in einem wüsten Rosenkrieg trennte. Es soll sogar Verletzte gegeben haben. Außerdem wanderte der Mann inzwischen in den Knast. Hat Geld unterschlagen. Der arbeitete, genau wie ich, in einer Bank. Leute gibt's.
Das „süße Katerchen", Roderich, bringt schätzungsweise zehn Kilo auf die Waage, selbst dann noch, wenn man ihm den toten Cocker Spaniel aus dem Maul nimmt.

Er lässt sich meiner Frau gleich schnurrend in die Arme plumpsen. Mich faucht er an, als ich ihn anfassen möchte. Fremdelt noch ein bisschen, der drollige Fratz.

1. September, nachmittags. Einer der neuen Nachbarn begrüßt mich. Scheint aber ein Idiot zu sein. Rät mir mit verschwörerischem Blick, den Kater zu erschießen. Der brächte nur Ärger, ich würde schon noch sehen. Der Typ hält sich einen Dobermann – klar, dass der keine Katzen mag. Als Roderich in diesem Moment durch die Katzenklappe ins Freie tritt und fauchend die Haare stellt, verzieht der Köter sich gleich winselnd in seine Hütte. Erstaunlich.

1. September, abends. Unsere erste Nacht im eigenen Haus. Gerade, als wir das neue Himmelbett einem ersten Belastungstest unterziehen wollen, schnalzt die Türklinke, die Schlafzimmertür geht knarrend auf und Roderich springt zwischen uns aufs Bett. Der kleine Schlingel weiß also, wie man Türen öffnet. Cleveres Kerlchen. Er schmiegt sich sofort an die Seite meiner Liebsten und legt seine Pfote auf ihre Brust. Sie lacht und findet das *total süüüüüß.* Als ich nach meiner Geliebten taste, zerkratzt Roderich mir den Handrücken. Ist wohl eifersüchtig, der kleine Racker. Das ist ja lustig. Aber das mit dem Sex wird heute wohl nichts mehr.

2. September. Bin völlig übernächtigt, da ich nachts mehrmals von Roderich aufgeweckt wurde. Der Frechdachs biss mich jedes Mal, sobald ich mich im Schlaf umdrehte oder meiner Liebsten näherte. Um Punkt drei Uhr nachts klapperte er dann auch noch mit dem Fressnapf. Damit er Ruhe gab, kleckste ich ihm eine Portion Nassfutter hin.

15. September. Man muss Roderich seitdem jede Nacht um drei füttern.

Meine Liebste hat auch einen Grund gefunden, warum *ich* das machen soll: So würde er mir gegenüber vielleicht endlich zutraulicher und ich müsste nicht mehr in der bissfesten Lederjacke schlafen.

1. Oktober, morgens. Habe meine Frau anhand klarer Fakten der Stiftung Warentest davon überzeugt, dass wir auf das teure Nassfutter verzichten können, wenn wir Roderich das empfohlene Trockenfutter geben. Ist hier ja kein Drei-Sterne-Restaurant für geschrumpfte Tiger.

1. Oktober, nachmittags. Roderich sitzt fauchend vor seinem leeren Nassfutternapf. Pädagogisch drücke ich seine Schnauze ins Trockenfutter daneben. Er krallt und beißt mich in den Handballen. Blute fürchterlich. Als ich mit Pflastern verarztet zurück in den Flur komme, hat Roderich dort einen Haufen gesetzt, dahinter sich der Nachbarshund in den Schatten legen könnte.

Setze mich ins Auto und gehe Nassfutter kaufen.

Roderich frisst nur „Meeresfrüchte-Filets". Hundert Gramm, ein Euro fünfzig! Und das fünfmal am Tag!

Unser Liebling muss uns das wert sein, sagt meine Frau fahrlässig.

Von wegen *unser* Liebling! Für diesen Whiskas-Häcksler bin ich doch bloß der Dosenöffner.

7. November. Überlege, wo anderweitig katzenbezogene Kostenreduzierungen umsetzbar sind. Könnte künftig die Streu einsparen, indem ich das Katzenklo entferne - es steht nämlich unbenutzt da, obwohl es draußen seit Tagen in Strömen regnet. Tapferer Bursche, dieser fette Kater, geht auch bei Sauwetter zum Download vor die Tür.

11. November, Morgengrauen. Der Rauchmelder im Wohnzimmer löst aus. Dort hat sich die seit Tagen mysteriöser anfühlende Raumluft in ein ätzendes Gas umgewandelt, davon man schier erblindet, auf jeden Fall aber

erstickt. Ich lokalisiere das Epizentrum hinter dem alten Bauernschrank und schaue nach. Roderich hat dort hingekackt. Den vielen Haufen nach zu urteilen, macht er das schon eine ganze Weile. Vermutlich seit es regnet.
Gleich darauf eine Meinungsverschiedenheit mit meiner Frau gehabt, wer von uns Roderichs Hinterlassenschaft zu entfernen hat, bevor es sich durch den Boden ätzt. Hab's schließlich weggeputzt, weil sie gleich das *Schließlich-mache-ich-den-ganzen-Haushalt*-Geschütz aufgefahren hat. Und um ein wochenlanges sexuelles Embargo zu vermeiden.

11. November, nachmittags. Habe stundenlang im Internet recherchiert, wieso Roderich die Bude fäkal bombardiert haben könnte. Mehrheitlich ist man der Meinung, etwas missfalle ihm an der sanitären Einrichtung, hygienisch oder optisch. Feng Shui für die Katzenwurstbude, ich glaub's ja nicht! Bin dennoch verunsichert und kaufe für viel Geld verschiedene Streu und sicherheitshalber noch mehrere ungleich geformte und gefärbte Katzenklos zum Probesitzen.

13. November. Ein anderer Online-Ratgeber hatte mir empfohlen, Musik abzuspielen, solange man den Kater alleine lässt. Die Musik entschärfe das typische Protestverhalten sich einsam fühlender Kater und entspanne sie. Aber lediglich Roderichs Blase hat sich entspannt.
Hat heute quasi voller Inbrunst in den Receiver gebrunzt. 2000 Euro futsch! Und dabei hatte ich „The Lovecats" in Endlosschleife aufgelegt, bevor wir morgens aus dem Haus gingen.

15. Dezember. In dieser Woche hat Roderich sechsundzwanzig Bücher aus dem Regal gezerrt und völlig zerfleddert. Habe die restlichen Bücher im Regal blockweise mit Stacheldraht umwickelt. Bin gereizt. Während meine

Frau unter der Dusche steht, kicke ich das fette Floh-Asyl quer durchs Wohnzimmer.

15. Dezember, abends. Als ich mich an den Schreibtisch setze, stelle ich fest, dass sich mein Laptop nicht mehr starten lässt und streng nach Roderich No. 5 riecht. 1500 Euro!

16. Dezember. Habe bei meiner Frau durchgesetzt, dass wir Roderich nachts aussperren. Um ihn hinauszutragen, ohne von ihm zerfleischt zu werden, kaufte ich mir extra Kettenhandschuhe. Jetzt sitzt die blöde Fellwurst auf dem Balkongeländer vorm Schlafzimmer und maunzt durch die Nacht wie eine Sirene bei Fliegeralarm. Drei Nachbarn rufen nacheinander an und verlangen, dass ich das krakeelende Vieh ins Haus hole, da sie es sonst erschießen würden.

Biete jedem 100 Euro bei Erfolg.

Mit Ohrstöpseln verschaffe ich uns Stille. Endlich allein! Meine Annäherungsversuche lehnt sie allerdings ab.

16. Dezember, zwei Stunden später. Meine Liebste teilt mir mit, Sex in Erwägung zu ziehen, falls ich den Kater wieder herein lasse. Das ist sexuelle Nötigung, sage ich. Na und, sagt sie. Sie finde einfach keine Ruhe solange ihr „Rody" da draußen den Raubtieren ausgesetzt sei. Außerdem habe sie Schüsse gehört. Mir tut's dann auch leid: Wegen der armen Raubtiere! Meine Frau untersucht den fetten Dachhasen gleich auf Wunden, doch er ist leider unverletzt!

Dass ich die mir offerierten Beischlafaktivitäten plötzlich abbreche, verwundert sie. Mach das mal, während ein übergewichtiger Kater mit tennisballgroßen Klöten daneben sitzt und dich abfällig mustert! Ich schwör's, das Mistvieh hat gegrinst!

26. Januar. Wir haben seit fünf Monaten keinen Sex mehr gehabt. Dieser getigerte Coitus interruptus kuschelt sich jeden Abend an die Frau, von der ich einmal dachte, dass ich nicht ohne sie sein könnte. Dann brummt er los wie ein Schiffsdiesel, wovon sie sofort einschläft, während ich deshalb die halbe Nacht wach liege. Habe deswegen aus Übermüdung schon öfters morgens verschlafen und inzwischen von meinem Chef eine Abmahnung dafür erhalten. Übernachte ab morgen im Gästezimmer.

2. Februar. Katerbedingte Inventarverluste in dieser Woche: Mein wildlederner Geldbeutel - verschwunden. Zerbrochene Skulptur „Der Denker" - 500 Euro. 37 zerkratzte CDs - unbezahlbar!

3. Februar. Korrektur. Mein Geldbeutel ist wieder aufgetaucht. Fand ihn hinter der Katzenklo-Siedlung. Scheint aber inzwischen durch einen Katermagen gewandert zu sein.

17. Februar. Heute die zweite Abmahnung verpasst gekriegt. Einesteils, weil mein Chef sich verarscht fühlte, als ich ihm meine erneute Verspätung damit erklärte, ich hätte auf dem Weg zur Arbeit zuerst noch verhindern müssen, dass unser Kater den Nachbarshund vergewaltigt. Hauptsächlich aber, weil ich am Auszahlungsschalter angeblich die Kunden irritierte, da ich versehentlich noch die Kettenhandschuhe trug.

4. März. Roderich sitzt einfach am längeren Hebel, weil er weiß, dass sein in ihn vernarrtes Frauchen ihm alles durchgehen lässt. Sobald ich ihn nur schräg anschaue, trüffelt der Psycho wenig später in meine Schuhe. Mein neunmalkluges Weib meint ja, das sei alles meine Schuld. Ich würde mich mental nicht auf Roderich einlassen. Bin versucht, ihr zu sagen, dass ich mich durchaus mental mit Roderich beschäftige - dass ich ihn mir in letzter Zeit nur noch als Pelzmütze vorstelle.

18. März. Habe jetzt eigenhändig Fliesen verlegt, weil der große Teppichboden aufgrund täglicher Kater-

Attacken zuletzt nur noch wie das Fell eines überfahrenen Schafes ausgesehen hatte. 5000 Euro und ein Bandscheibenvorfall.

2. April. Heute bekommen wir Besuch von Freunden, also hängen wir zu diesem Anlass einen Abend lang wieder Vorhänge und Bilder im Haus auf. Gäste haben wir nur noch selten. Ein Freund gesteht mir, weshalb: Zwischen meiner Frau und mir herrsche in letzter Zeit offensichtlich ein sehr gespanntes Verhältnis. Außerdem rieche es im Haus in allen Räumen penetrant nach Diesel. Das ist so, weil ich alle losen Gegenstände zur roderichschen Abschreckung damit einpinselt habe.

23. April. Bin jetzt hoch verschuldet. Habe mein Auto und das Garagentor demoliert. 11000 Euro Schaden! In der Hoffnung, Roderich einmal zu erwischen, biege ich immer sehr schnell in unsere Hofeinfahrt ein - bin dieses eine Mal allerdings von der Bremse abgerutscht.

2. Mai. Wollte Roderich heimlich vergiften, doch der gerissene Kerl hat das Rattengift im Futter gerochen und den Napf nach draußen gebracht. Jetzt liegt der Nachbarshund tot im Garten. Nachmittags eine Schlägerei mit dem Nachbarn gehabt. Hat mir die Nase gebrochen und mich wegen Tiermord angezeigt. Als meine Alte hämisch darüber lacht, tunke ich ihr Gesicht in den Futternapf.

2. Juni. Bin fristlos entlassen worden. Wegen Geldunterschlagung. Ein Gerichtsverfahren gegen mich hat man auch schon eingeleitet. Das Haus muss ich verkaufen, mein liederliches Weib ist ausgezogen und hat die Scheidung eingereicht. Roderich hat sie dagelassen, ihr neuer Freund hat eine Katzenallergie.

25. August. Meine Strafe wurde vom Richter zur Bewährung ausgesetzt, seine Frau hat sich vor kurzem einen Kater angeschafft.

Ich lebe jetzt in einer Einzimmer-Sozialwohnung in der Weststadt.
Zusammen mit Roderich.
Abends sitzen wir gemeinsam vor dem Fernseher, essen Chips und trinken Bier. Seitdem ich ihm regelmäßig Katzenminze zum Schnüffeln gebe, ist er völlig stubenrein und schaut mich stundenlang verliebt an, während ich ihn mit dem Kettenhandschuh streichle.
Nur manchmal, wenn er zuviel Bier aufgeleckt hat, randaliert er in den Straßen, kackt auf Motorhauben und jagt streunende Hunde.
Manchmal begleite ich ihn.

Kein Anschluss unter dieser Nummer
Eine monetäre Groteske

Die angesagteste Bar der Stadt, Samstagabend.
Ein modisch nach dem Zeitgeist gewandeter Mann mittleren Alters fragt soeben eine attraktive Brünette von annähernd gleichem zellularem Kilometerstand, ob sie an Liebe auf den ersten Blick glaube ... oder ob er noch einmal hereinkommen solle. Die brünette Grazie zeigt sich unbeeindruckt. Vielmehr erwidert sie gelassen, man habe vor Jahren einen Germanen ausgegraben, der eine Steintafel mit sich führte, darauf sei diese Anmache bereits durchgestrichen gewesen.
Der Mann war kurz zuvor inmitten eines Haufens ähnlich Dresscodierter lärmend in die Bar gesprengt, offensichtlich durchweg angeheitert und vor Testosteron triefend wie Marlboro-Hengste. Die schlagfertige Brünette mustert nun diesen plump-geistreichen Kavalier in Gedanken: „Was bist Du wohl für einer? Ein Don Juan? Ein War-ich-gut-Frager? Bist Du einer von denen, die ihren Schniedel durch alle Bars Gassi führen, während die arglose Frau daheim sitzt und Tupperware-Orgien für ihre proseccotrunkenen Freundinnen aus der Rückbildungsgymnastik veranstaltet? ... oder bist Du der Richtige?"
Natürlich schmeicheln des Don Juans Komplimente dennoch ihrer angeborenen Eitelkeit, dazu sich alsbald ein spendierter Daiquiri gesellt, und so lässt sie ihn vorerst in seinem Werben gewähren. Da der Charmeur jedoch auffällig bald den Wunsch nach ihrer Telefonnummer äußert, beschließt die vorsichtige Brünette, ein Experiment durchzuführen. Also fordert sie von ihrem

neuen Verehrer unversehens einen Zwanzig-Euro-Schein. Ihr Gegenüber ist darob nicht wenig verblüfft, tut jedoch wie ihm geheißen. Sodann notiert die Lady ihre Handynummer auf dem Geldschein und gibt ihn dem hocherfreuten Mann zurück. Doch kaum des Scheins wieder habhaft geworden - signiert mit der Nummer zur Nummer, wie er hofft - seilt sich der Don Juan nun an einem Strang platter Ausreden wieder ab und taucht im Kreise seiner Freunde unter ...

Der eitle Don Juan wird den Geldschein mit der Telefonnummer im Zuge einer euphorischen Alkoholvernichtungsaktion noch am selben Abend in dieser Bar gedankenlos gegen einen Stiefel Bier eintauschen. In der Woche darauf wird er mit seinen Kumpanen zu einem Sex- und Saufurlaub nach Mallorca aufbrechen, dessen offizieller Terminus jedoch „Fußball-Trainingslager" lautet. Im Verlaufe seiner dortigen Umtriebe werden ihm Schamläuse übertragen, die er unwissend seiner Frau als Souvenir mitbringt, woraufhin diese die richtigen Schlüsse, sodann Leine und schließlich ihn in kalter Rachsucht finanziell in den Abgrund zieht.

Die angesagteste Bar der Stadt, früher Sonntagmorgen. Nachdem die letzten Gäste endlich hinaus komplimentiert sind, zählt die mit reichlich Hüftgold ausgestattete Serviererin ihr blechernes Trinkgeld. Zehnsechzig, welch erbärmlicher Ertrag. Das reichte ja wieder einmal kaum für ihren wöchentlichen Lottoschein. Oh, wie sie dieses heuchlerische, auf Äußerlichkeiten fixierte Gästepack verabscheute, das die Nasen so hoch trug, dass sie schon Furchen in der Decke zogen. Auf groß machen, aber im Kleinen geizig sein. So flucht sie, weil sie mutmaßt, dass ihr unattraktives Erscheinungsbild die schwache Trinkgeldmoral des Barpublikums verursacht. Just von einem neu definierten Rechtsempfinden beseelt, annektiert die frisch gebackene Revolutionärin aus der Kasse einen

Zwanzig-Euro-Schein, darauf ihr eine handschriftliche Zahlenfolge ins Auge sticht. Eine Handynummer, kombiniert sie. „Oder ein Zeichen!", durchfährt es die praktizierende Esoterikerin. Also teilt sie die Nummern sinnvoll auf und überträgt sie in ihren Lottoschein. Trinkgeld und Tageslohn deponiert sie in ihrer Börse, den beschriebenen Zwanziger legt sie als Lesezeichen und Notreserve in „Feuchtgebiete", ihre derzeitige Lektüre.
Endlich in den Feierabend entlassen, besteigt die feiste Kellnerin die erste Straßenbahn des Tages heimwärts. Wenige Minuten später wird sie Opfer einer Straftat: Man erwischt sie beim Schwarzfahren. Viktimologisch betrachtet war dies aber auch geradezu saudumm gelaufen. Als sie eine Fahrkarte lösen wollte, musste sie feststellen, dass sie wieder einmal ihre Tasche in der Bar vergessen hatte und lediglich den Zwanziger zwischen den Seiten von „Feuchtgebiete" mit sich führte. Der unbestechliche Fahrkartenautomat in der Tram forderte jedoch explizit Blechgeld. So kamen die städtischen Verkehrsbetriebe und die stattliche Bedienung also nicht ins Geschäft. Den vorliegenden Sachverhalt rechtfertigt sie so auch vergeblich vor den beiden Kontrolleuren in Zivil, nachdem ihr pantomimischer Auftritt als Gehörlose, die ihren Ausweis vergessen hat, jene nicht täuschte.
Die mollige Kellnerin wird bei der nächsten Lotto-Ziehung mit fünf Richtigen ohne Zusatzzahl 3275 Euro und 60 Cent gewinnen und sich den ersten Urlaub seit fünf Jahren leisten. Jamaika. Dort wird sie schon am ersten Abend auf der Suche nach etwas Geborgenheit an einen bildschönen, wurstlockigen Einheimischen geraten. Der Rasta wird sie dazu überreden, am Strand zu lustwandeln. Dort wird er sie recht lieblos beschlafen und ihr danach die Handtasche entwenden. Sie wird versuchen, ihn davon abzuhalten und dafür von ihm brutal geschlagen. Erniedrigt und ausgeraubt wird sich die Misshandelte in ihr Hotelzimmer schleppen und die restli-

chen Urlaubstage damit beschäftigt sein, einen Ersatz-Reisepass, Geld und ein neues Flugticket zu organisieren. Nach Hause zurückgekehrt wird sie auf die obligatorischen Na-wie-wars? knapp antworten, dass es ein schöner Urlaub gewesen sei.

Eine Studenten-WG, später Sonntagnachmittag.
Ein Student wird von einem stechenden Schmerz im Rücken geweckt. Es ist ein Buch, was ihm da das Kreuz malträtiert. „Feuchtgebiete". Ach ja, das hatte er heute früh in der Straßenbahn gefunden, auf dem Heimweg von der Semesterabschlussfete. Lag dort herrenlos auf einem Sitz, also nahm er es an sich, bevor es noch jemand stahl. Mit dem Daumen lässt er die Seiten an seiner Nase vorüber ratschen, um sich ihr Aroma zu fächeln - unerklärliches Ritual, mit dem er jedes neu erworbene Buch initialisiert. Gerade, als er das Aroma aufgenommen hat und das Büchlein zur Seite legen will, gleitet etwas zwischen den Seiten hervor und auf sein Kissen: Ein Zwanzig-Euro-Schein. Ein Geschenk der Götter, nun ist er wieder flüssig. Und sieh an, eine Nummernfolge, handschriftlich notiert, befleckt das Wertpapier. Seine Betrachtungen werden jäh durch ein *Klopf-klopf* unterbrochen. So macht an der offen stehenden Zimmertür eine zarte Hand auf den Rest von sich aufmerksam. Es ist des Herrn Studiosus' schöne Vermieterin, die in transparenter rosa Gewandung am Türrahmen lehnt, was ihn seine Aversion gegen diese kitschige Farbe vorübergehend vergessen lässt. Ach ja, heute ist die Miete fällig. Schon wenig später suchen beider Zungen sich gegenseitig zu erdrosseln, während ungestüme Finger sich daran machen, keuchende Leiber aus ihrer zivilen Panzerung zu reißen. Just durchdringt ein lichter Moment gerade noch rechtzeitig den Sinnestaumel der Frau. Halte ein, junger Heißsporn! so bremst

die Gierige den Gierigen herunter. Den Mumu-Club darf man nur mit Mütze betreten. Ei der Daus! Hier bahnt sich ein Desaster an. Mit seinem letzten Kondom hatte der Student auf der Abschlussfeier einem balzenden Studienkameraden in eine Kommilitonin verholfen. Doch erzeugt seine sexuelle Elektrisierung sogleich einen Geistesblitz: Die Apotheke um die Ecke! Der Student bittet die Geliebte um fünf Minuten Aufschub und stürmt provisorisch bekleidet aus der Wohnung...
In der Apotheke wird er seinen Kautschukvorrat zum Notdiensttarif mittels einer in dubioser Weise erworbenen Banknote aufstocken. Mit vibrierenden Lenden wird er aus dem Medikamentenschuppen eilen, ohne nach links zu sehen auf die Straße treten und dabei von einem Auto angefahren. Beinbruch. Tatütata. Krankenhaus.

Dieselbe Apotheke, Montagmorgen.
Eine junge blonde Frau - viel zu aufgewühlt, um zu bemerken, dass sie mittels ihres Rückgeldes soeben zur neuen Besitzerin des uns bekannten Zwanzigers avancierte - entfleucht dem Drogenladen, nachdem sie dort einen Schwangerschaftstest erworben hat. Sollte ihr Liebhaber sie tatsächlich dick geschossen haben, wäre das fatal. Ihr Ehemann, erst vor einigen Tagen von einer sechsmonatigen Montagearbeit aus dem Ausland zurückgekehrt, würde wohl kaum an das Wunder einer unbefleckten Empfängnis glauben. Zumal diesbezüglich kein korrespondierender Stern im Osten aufgegangen ist. Interessanterweise war die attraktive Blondine mit eben jenem Privatdetektiv in Sünde verfallen, den ihr misstrauischer Gemahl aus der Fremde heimlich auf sie angesetzt hatte. Der Seitensprung-Investigator hatte sich nämlich schon am ersten Observierungstag recht unpro-

fessionell in seine betörende Zielperson verliebt und sich ihr pochenden Herzens offenbart. Die schöne Blonde wiederum hatte sich dem Detektiv hauptsächlich aus Trotz wider den Gatten hingegeben. In ihren Augen hatte nämlich ihr Mann den Liebesverrat zuerst begangen, indem er ihr solchen unterstellte. Sie war fest davon überzeugt, dass nur jemand einen derart schlimmen Verdacht hegen könne, der selbst zu so etwas fähig wäre...

Der wenig aufs Vaterwerden erpichte Detektiv wird später an diesem Tag den Fehler begehen, seiner schwangeren Geliebten einen heimlichen Trip in die Niederlande vorzuschlagen, da man dort in Sachen „entfernter Verwandter" recht unbürokratisch vorgehen würde. Daraufhin wird die schwangere Frau ihren pietätlosen Liebhaber nahezu hysterisch ohrfeigen und ihm zornig den besonderen Zwanzig-Euro-Schein hinwerfen. Das Honorar für seine drittklassigen Ermittlungen in Sachen G-Punkt, wie sie es verächtlich formulieren wird.

Keine Frage, diese Affäre würde zu Ende sein.

Die angesagteste Bar der Stadt, Montagnachmittag.
An der Theke ist ein deprimierter Privatdetektiv zugange, sich eine Klagemauer aus Bier zu errichten, um seinen Liebeskummer daran auszuweinen. Seelenknick sucht meist Solidarität, deshalb lädt der Angetrunkene seinen ebenso verdrossen dreinblickenden Sitznachbarn zu einem Bier ein, das er bei der molligen Bedienung mit jenem geschichtsbehafteten und markierten Zwanziger begleicht. Diese legt den Schein diesmal jedoch unerkannt in die Kasse. Weil er glaubt, aufgrund des spendierten Biers sich das Recht dazu erkauft zu haben, berichtet der von Amor über den Haufen geschossene Detektiv zwecks Selbsttherapie dem Nebensitzer sein Leid...

Er wird noch nicht zu Ende geredet haben, als sein Sitznachbar ihn bereits grün und blau zu schlagen beginnt, da sich herausstellt, dass es sich bei ihm um den internetzlichen Auftraggeber handelt. Jener suchte ebenfalls niedergeschmettert Trost im Alkohol, nachdem ihn seine Frau über ihr Kuckucksei informiert und zugleich verlassen hat. Den gehörnten Ehemann wird man wegen Körperverletzung in Untersuchungshaft einquartieren, den schwer demolierten Detektiv indes im Krankenhaus neben einen frakturierten Studenten betten, den ein Zwanzig-Euro-Schein zu Fall gebracht hatte.

Die angesagteste Bar der Stadt, Montagabend.
Als sie ihr Wechselgeld entgegen nimmt, entdeckt eine gut aussehende Brünette mittleren Alters darunter den legendären Zwanzig-Euro-Schein, darauf sie zwei Tage zuvor ihre Telefonnummer notierte. Durch einen Zufall hält sie das Medium ihres Experiments wieder in Händen. Weit bist du ja nicht gekommen, denkt sie und lächelt enttäuscht, ein redlicher Proband hätte dich verwahrt um anzurufen.
Sie will den Schein soeben einstecken, als sie von einem Mann gefragt wird, ob sie an Liebe auf den ersten Blick glaube - oder ob er noch einmal hereinkommen solle...

Die Hölle, das sind die anderen
Chronik einer Midlife Crisis
Teil II

Des Nachts auf meinem Lager suchte ich, den meine Seele liebt. Ich suchte; aber ich fand ihn nicht. Ich will aufstehen und in der Stadt umhergehen in den Gassen und Straßen und den finden, den meine Seele liebt.

Das Hohelied Salomos 3, 1-2

Als die offensichtlich von dir gelangweilte Frau dich mit den Worten stehen lässt, sie müsse nun dringend weiter und über ein Integralrechnungsproblem nachdenken, sinnierst du, ob dich dieser Partnerschaftstest neulich nicht doch wahrheitsgemäß analysierte; nämlich, dass für dich nur eine Beziehung mit Batman infrage käme.

Vom Bier in deiner Hand abgesehen, stehst du also inmitten vieler fröhlicher Menschen wieder alleine da, was dich gleich zu einer zweiten Überlegung veranlasst: Warum zum Teufel bist du überhaupt hier?

Zum Besuch dieser Veranstaltung nötigten dich deine unzurechnungsfähigen Freunde.

Du mögest unbedingt wieder einmal unter Leute gehen, seelsorgten sie unlängst an dir herum. Explizit drängten sie dich, zum Zwecke sozialer Interaktion eine dieser öffentlichen Geselligkeiten aufzusuchen, deren Gäste alle seit mindestens neun Jahren voll strafmündig wären.

Empört hattest du diesen Vorschlag abgelehnt. Schließlich hättest du keine zwischenmenschlichen Probleme. Zumindest nicht mehr, seit du wieder single bist.

Also seit vier Jahren?!

Was für ein Elend.

Wie auch immer, du wolltest nicht auf diese so genannte Party gehen. Allein ihr Motto klinge ja schon wie vom Leben torpediert: Ü30!
Treffer, versenkt!
Derartige Veranstaltungen, winktest du ab, seien doch nichts anderes als Orthopädien für Beziehungskrüppel. Biotope verhaltensgestörter Erwachsener. Suppenküchen für menschlich Mittellose, sprich ein Stelldichein der Verzweiflung.
Also genau das Richtige für dich! So lautete das einhellige Urteil der verheirateten Kumpane. Übrigens, zu langes Alleinsein sei geistig ungesund und verursache beim Mann Sehnenscheidenentzündung, Tennisarm und Schwielen an den Händen.
Diese unsachliche Kritik an deiner Freizeitpassion übergingst du souverän, betontest stattdessen, dein CO_2 auf einer Ü30-Party freizusetzen, käme nicht in Frage. Keine zehn Pferde würden dich dorthin bekommen!
Also gut, hieß es. Keine Pferde. Dann nehme man halt ein Taxi. Abholung Samstag, 21 Uhr.

Die Party-Lokation ist eine schummrige Sporthalle mit abgewetztem Holzboden, die in Schweißausdünstungen und Kunstnebelschwaden röchelt.
Soeben begrüßt der DJ die Besucher.
„Hello, Ü30 Party People! Willkommen zu Zellulitiskongress und Bierbauchparade. Seid ihr gut drauuuf?"
Gute Frage, denkst du. Wenn deine Kurzarbeit weiter anhält, dann wirst du Probleme mit deinem Autokredit bekommen. Ferner steht übermorgen wieder einmal die Große Hafenrundfahrt, sprich alljährliche Darmspiegelung an. Und obwohl die Sache schon Jahre zurück liegt, wurdest du erst neulich von einer flüchtigen Urlaubsaffäre aufgespürt, die dir nun nachträglich einen Vater-

schaftstest abverlangt, dabei du und vier weitere Herren um die Wahrung eurer Interessen konkurrieren.

Hand aufs einsame Herz: deshalb hast du dich letztendlich doch überreden lassen, hierher zu kommen. Flucht ins Zwanzigste Jahrhundert. Hinfort mit der kalten Realität und sich die wärmende Decke der Nostalgie übergeworfen! Umarmt sollt ihr sein, alte Erinnerungen und alte Songs. Und ihr hoffentlich nicht ganz so alten Frauen.

Du bist dir sicher, alle Anwesenden auch unter „FriendScout" oder „Facebook" registriert anzutreffen, wo alle Welt sich ihre hervorragenden Eigenschaften unter die Nase reibt. Diese Inserenten sind - hey! hey! – immer gut drauf, offen für alles und in absolut tolle Jobs involviert. Da wird selbst die Bäckereiangestellte zur „Sales Managerin im Mehl-Eventcenter". Geflissentlich unerwähnt bleibt, dass man überhaupt keinen Bock auf Kochen, Badezimmerreinigung und Partnermassage hat.

Sollte heute Abend jemand deine Tätigkeit erfragen, wirst du kurz und knapp dieselbe Bezeichnung nennen, die du in „Facebook" und „FriendScout" eingetragen hast: „Wärmetechniker". Nun ja, „Heizdeckenverkäufer auf Kaffeefahrten" ist halt kein offizieller Berufsstand.

Die Freunde schieben dich weiter voran durchs illustre Volk. Euer nächster Schritt nennt sich Akklimatisation. Will sagen, man lässt sich an einem exponierten Tisch nieder und vom Kellner ein Bier aufwarten, derweil man das emsige Treiben ringsum observiert und durch versiertes Körperscannen den femininen Weizen von der Spreu trennt. Auf der Tanzfläche herrscht mächtig Bewegung, wenngleich dieser Menscheneintopf nicht mehr auf jugendlich lodernder Flamme kocht, sondern weitaus behäbiger wallt, etwa wie eine sämige Gulaschsuppe. Die stark bevölkerte Halle beweist dir, dass solche realen

Nahkampfzonen trotz des digitalen Segens der Partnersuche noch immer einen ganz besonderen Reiz auf die Leute ausüben. Für die Jagd auf ihre Mitmenschen legten Frauen und Männer gleichermaßen verjüngenden Außenputz auf. Und das doch nur, um mit dem erlegten Wild fortan im Fleece-Jogging-Anzug ungekämmt auf dem Sofa zu sitzen und mit einem Gefühl von familiärer Zufriedenheit „Wetten, dass…?" und „DSDS" zu schauen. Welch heuchlerischer Umweg, denkst du, und schnippst dir nebenbei eine Staubfluse vom Ärmel deines geliehenen Armani-Imitats.

Die Akklimatisation dauert bereits drei Bier an und bisher hat Homo sapiens femina keinerlei Interesse an deiner Person bekundet. Die vierte Halbe willst du dir selbst holen, um nicht einer Thrombose anheim zu fallen.

Unterwegs triffst du überraschend auf eine frühere Bekannte. Entzückte Blicke imitierend wertet ihr das Erscheinungsbild eures Gegenübers aus. „Gut siehst du aus", formulieren eure Münder. Doch eure Gedanken sagen: „Die Schwerkraft hat in den letzten Jahren ordentlich an dir gewirkt. Das Leben doppelte dein Kinn und stiefelte dir mit Krähenfüßen übers Gesicht." Natürlich könnt ihr euch diese Eindrücke nicht um die Ohren hauen, also prostet ihr euch stattdessen verlegen lächelnd zu. Da reklamiert sie sogleich, du habest ihr beim Anstoßen nicht in die Augen geschaut. Das bedeute für dich nun sieben Jahre schlechten Sex. Doch du frohlockst innerlich: endlich Sex!

Schnell kommt euch der Gesprächsstoff abhanden und ihr beschließt, in unterschiedlichen Richtungen danach zu suchen.

Deine getrunkenen Biere setzen dich inzwischen physisch unter Druck, also suchst du Maître Pipi auf. Die Herrentoilette unterliegt starkem Pendelverkehr und aus den Kabinen verbreiten hustende Schließmuskeln eine würzige Sumpfgas-Atmosphäre. Soeben verlassen zwei Personen gemeinsam die vordere Box: ein Mann und eine Frau. Ihre echauffierten Gesichter, verwischter Kajal, Knutschfleck am Hals und die Kleidung mehr schlecht als recht geordnet, berichten von einer triebhaften Stehparty im kleinen Kreis. Jede Wette, denkst du verschmitzt, die beiden haben sich beim „Anstoßen" auch nicht in die Augen geschaut. Zwar ist der erschrockene Gesichtsausdruck des Mannes, als er dich sieht, unbezahlbar. Dennoch willst du am Montag bei ihm um eine Gehaltserhöhung ersuchen.

Zurück in der Arena tritt plötzlich eine völlig neue Situation ein: Wallendes Flammenhaar über blutrotem Lederkostüm befindet sich auf direktem Kollisionskurs. Ein üppiges Dekolletee füllt dein gesamtes Blickfeld aus, als wolle es sagen: Bitte werfen sie eine Münze ein! Der Geifer droht dir übers Lippenufer zu treten, als sie an dir vorüber und aufs Parkett schreitet, um auf „Shiny Happy People" zu tanzen. Derart unter hormonellem Beschuss schaltest du alle Systeme auf Gefechtsmodus und folgst ihr auf den Dancefloor. Das Tanzen bereitet dir keine Probleme, denn was man noch nie konnte, kann man auch nicht verlernen. Ohne dich vom gegenwärtigen Rhythmus irritieren zu lassen, groovst du im Orbit deiner Zielperson, Arme und Beine dabei schlenkernd wie ein unsachgemäß Erhängter. Just wagst du einen wie zufällig in ihre Richtung gehenden Ausfallschritt, den sie aber geahnt haben musste. Elegant glitt sie zuvor ins Getümmel und muss somit nicht mit ansehen, wie es dir deine ohnehin maroden Bandscheiben staucht. Der Schmerz presst dir Tränen in die Augen. Jetzt sich bloß nichts anmerken lassen, vielleicht hält man es ja für Leidenschaft. Doch jäh erstrahlst du gebeugt inmitten eines

Scheinwerferspots und der DJ spornt dich via Mikrofon an: „Gib alles, Quasimodo! Ja, zeig uns, was du in der Schwangerschaftsgymnastik gelernt hast! Was du da vorführst ist nicht mehr Saturday Night Fever, das ist schon Samstagabend Schweinegrippe."
Beschämt tauchst du zwischen den scheini häppi Piepel unter und erst wieder an der Theke auf. Gegen deine Kreuzschmerzen hilft nur noch ein bewährtes Hausmittel: die stabile Seitenlage und ein Bier. Das Bier ist geordert. Fehlt nur noch die Dame, die in Seitenlage gebracht werden möchte. Als du dich suchend umblickst, gewahrst du, dass inzwischen die rotlederne Zora ihren Mundinhalt von der Zunge eines Anderen umgerührt bekommt. Die Vorstellung, wie sie gehäutet und zahnlos aussähe, hilft dir, dich zu entlieben.
Der Thekenbereich krankt ebenfalls an weiblichem Defizit. Es parken dort nur Männer, hauptsächlich mit Tanzverletzungen. Dein Tresennachbar jedoch wirkt selbst für einen Abiball zu jung und grinst dich zudem merkwürdig an. Sofern nicht nekrophil veranlagt, scheint er dir fehl am Platze zu sein. Also fragst du, was ihn hierher verschlagen hat. Ooch, er habe sich aus rein geschäftlichem Interesse hereingemogelt: Erpressung. Dies kaum ausgesprochen, führt er dir auf seinem Handy den Videoclip deines Glöckner-von-Notre-Dame-Auftritts vor. Sodann beziffert er dir, was dir eine Nichtveröffentlichung auf „Youtube" wert sein muss. Die Hundert Euro scheinen dir angemessen.
Plötzlich erstrahlt die Halle in grellem, unfreundlichem Schein.
Feierabend.
Unweit von dir streitet ein Paar, da offensichtlich jeder ohne Wissen des Anderen zugegen ist. Als das Licht anging, ertappten sie sich beim externen Flirt und nun

besteht Erklärungsbedarf. Auch interessant anzusehen: einige sich zuvor im Halbdunkel noch Küssende, die nun vom Irrtum peinlich berührt zusammenschrecken, nachdem der Lichtschein jene völlig entstellte, denen man einen halben Abend lang an den Lippen gehangen war. Hingegen wachsen bei den bisher solo Verbliebenen die sexuellen Begierden ins Panische und die wahllose Akquisition der Ladenhüter nimmt ihren Lauf.
Justament triffst du nochmals auf deine frühere Bekannte, die nun aber in betörender Anmut vor dir erstrahlt. Zumindest in deinem rechten Auge, denn das linke musst du zukneifen, um sie nicht doppelt zu sehen. Auch sie ist voll wie ein russischer Elternabend und findet dich nun ebenso unsäglich attraktiv. Gerne will deine neue Eroberung sich von dir heimbringen lassen, also navigierst du sie durch den Hinterausgang ins Freie; deine Freunde sollen diesen lasterhaften Abgang keinesfalls mitbekommen. Trotz stark schwankendem Boden schaffen es deine Dulzinea und du auf die Rückbank des bereits wartenden Taxis, das euch zu ihrer Wohnung chauffiert. Schon während der Fahrt schnullt und fummelt ihr animalisch aneinander. In ihrem Domizil schließlich angekommen, jagt ein besoffener Eros vollends jegliche Menschlichkeit aus euren Körpern und verwandelt euch in zwei Raubtiere, die hungrig übereinander herfallen und sich bis zur Erschöpfung in den Leintüchern balgen...

Des Morgens auf meinem Lager fand ich, den meine Seele keinesfalls liebt. Ich suchte; aber SIE wollte ich doch nicht finden. Ich werde nun leise aufstehen und eilig in die Stadt gehen und mich verstecken vor ihr in den Gassen und Straßen, damit sie mich nie mehr findet, die meine Seele nicht liebt.
Ü30. Treffer, versenkt!

Krambambuli und das Tor zum Paradies

Ein Sprichwort sagt: Die Realität ist eine Illusion, welche durch einen Mangel an Alkohol hervorgerufen wird. Tobias, Joachim und Edgar verschärfen diese abstinente Unwirklichkeit zusätzlich durch eine völlig zweckfreie Konversation. Sie sitzen seit einer halben Stunde gemeinsam um einen Tisch in COSTA'S TAVERNE, einem griechisch-türkischen Lokal. Die Jugendfreunde sind eigentlich seit langem zerstritten und haben sich bis zu diesem Zeitpunkt auch nicht mehr gesprochen - beinahe drei Jahre.
Damals wurde ein amouröser Zankapfel in ihre Mitte geworfen. Dieser Zankapfel war Anna gewesen, eine Mitbewohnerin im Studentenheim. Auf der Zehn-Finger-Skala heterosexueller Männer erzielte Annas erotische Aura eine Drei – drei Finger würde man sich für sie abschneiden.
Die schöne Frau pflegte zu jener Zeit ein sexuelles Verhältnis mit Tobias, Joachim und Edgar, wovon aber nur sie das ganze Ausmaß kannte. Sie hielt es für unkomplizierter, ihre sexuelle Dreifaltigkeit den Geliebten gegenüber zu verschweigen. Solange sie sich nicht für einen von ihnen entscheiden konnte, hatte sie einstweilen einen nahezu perfekten Schichtbetrieb arrangiert. Nahezu.
Die Sache war schließlich aufgeflogen, als einmal Tobias, von Anna für diesen Tag sexuell aufgebraucht, just in dem Moment ihr Zimmer verließ, da der von seinen Hormonen genötigte Joachim fatalerweise zwei Stunden zu früh vor ihrer Tür erschien, um seiner lustvollen Obliegenheit nachzukommen und auch der läufige Edgar überraschend auftauchte, um der Geliebten völlig außer-

planmäßig den Beischlaf anzubieten. Verblüfft stand er so da, der gehörnte Stoßtrupp - traumatisiert durch jähe Erkenntnis. Es kam daraufhin zu einem handgreiflichen Streit unter den Vagina-Schwagern. Ein jeder von ihnen glaubte nämlich, seinen persönlichen Besitzanspruch auf die bislang gemeinsam genutzte Frau geltend machen zu können.
Anna beendete sogleich ihre drei Affären, in der absurden Hoffnung, dass dadurch alle wieder in Eintracht zusammen leben würden. Doch die Zornigen blieben unversöhnlich. Drei Monate später war die „Austausch-Studentin" überraschend im Wohnheim ausgezogen und spurlos verschwunden.

Und nun war Anna dem Argen Schnitter in die Hände gefallen - requiescat in pace, geliebte Schlampe! Gestorben an Krebs, so hieß es in der anonymen Trauerkarte, die Tobias, Joachim und Edgar erhalten hatten. Nur deshalb waren sie heute und hier in Annas Heimatstädtchen zusammengekommen. An ihrem Grab wollten sie sich einfinden, um der ehemals Geliebten auf ihrer Fahrt in die Grube nachzuwinken.
Seltsamerweise musste die Beerdigung schon Tage früher stattgefunden haben, denn als die drei Ex-Rivalen am Bahnsteig des Todes eintrafen, fand sich dort von einem Begräbnis keine Spur. Im hintersten Winkel des Friedhofs entdeckten sie schließlich das Holzkreuz in weiche Erde gerammt. Nur Annas Name, sowie der Zeitraum ihres irdischen Gastspiels waren darauf eingebrannt. Um der misslungenen Angelegenheit zumindest einen würdigen Abschluss zu verleihen, hatten Tobias, Joachim und Edgar anstandshalber die Streitaxt friedlich geschultert und sich in das nächstbeste Restaurant begeben. Bei einem gemeinsamen Abendessen wollte man der ver-

storbenen Freundin gedenken. Zur Begrüßung wurde den dreien als Aperitif ein Ouzo serviert – zu Studienzeiten von ihnen meist „Krambambuli" genannt, gelegentlich auch „Griechischer Hirntod". Dessen Verzehr übergingen sie jedoch diskret, man war ja schließlich nicht zu seinem Vergnügen hier.

Das Menü ist noch nicht serviert, jedoch das Gespräch am Tisch bereits erschöpft. Über Anna und die gewisse Sache will nun doch keiner von ihnen reden. Verbleibt also nur noch das unvermeidliche Na-was-machst-du-denn-jetzt-so?

Joachim ist inzwischen Deutsch- und Lateinlehrer am Gymnasium. Er langweilt seine beiden Gegenüber sogleich mit völlig öden Geschichten seines Schulalltags und einem Lamento über Stress, wie er anscheinend nur einem Lehrer widerfährt.

Ach herrje!, denkt Edgar, *Lehrer, das ist doch kein Beruf, das ist ein psychopathologischer Befund.* Hinter der Theke erschallt plötzlich ein forsches „Yiamas!" von Costas, dem Wirt, worauf Pauker Joachim seinen Redefluss erschrocken unterbricht und alle drei nun doch den Ouzo motorisch hinunter kippen.

Als wäre Costas' Trinkspruch ein Startschuss gewesen, legt nun plötzlich Ingenieur Edgar los. Vom Ouzo enthusiastisch beschwingt, zerrt er die Ex-Kumpel verbal in die hochkomplizierte Innenwelt einer Diesel-Einspritzpumpe, so dass die beiden alsbald ernsthaft Bedenken hegen, jemals wieder das Tageslicht zu erblicken. *Korinthenkacker*, denken sie.

Tobias reicht es. Er fällt dem Techniker wie ein Fallbeil ins Wort: „Noch'n Ouzo, bei all dem Diesel?" Yiamas!

Doch nun ist Tobias an der Reihe. Der gescheiterte BWL-Student glaubt, durch Termingeschäfte an der Börse zum großen Regenmacher zu werden. Sogleich setzt er sein geschultes Vertreterlächeln auf, wobei er die Zähne bleckt wie der Galopper des Jahres beim Zieleinlauf. Zum finalen Verdruss von Joachim und Edgar, bietet ihnen der Börsenhai nun auch noch die Beteiligung an einem todsicheren Fond an. Beide blicken sogleich verärgert. *Schleimscheißer*, denken sie, denn Broker Tobias verschwendet damit nur seinen Atem: Joachim und Edgar sind wirtschaftliche Fundamentalisten, ergo Inhaber von Bausparverträgen und durch Hauskauf verschuldet bis zur Organspende.

Negative Schwingungen drohen sich am Tisch auszubreiten. Nur die inzwischen regelmäßige Ankunft von weiterem Ouzo verhindert eine Eskalation des Gesprächs. Yiamas!

Auch das Essen kommt keine Minute zu früh. Gemeinsam verspeisen sie eine geschmacklich beklagenswerte Akropolis-Platte, die der bisher erfolgten Konversation an Zähigkeit in nichts nachsteht. Costas will ihnen frisches Mineralwasser kredenzen, das sie aber nun vorsichtshalber durch eine Karaffe Rotwein ersetzt haben möchten. Yiamas!

Nach dem deftigen Fleischverzehr fällt man in verdauende Trägheit, so genannt Gyros-Koma. Da kommt Costas' Angebot gerade recht: Als Digestivum bietet ihnen das hellenisch-osmanische Gastronomie-Joint-Venture den Genuss einer Wasserpfeife im Séparée an.

„Dieses Rotwein-Vanille-Aroma wird euch das Tor zum Paradies öffnen.", sagt Costas lächelnd, als er Tobias, Joachim und Edgar ein solches Trumm auf den Tisch stellt. Die drei lassen sich nicht lange bitten und nuckeln lässig an den Mundstücken der Saugschläuche.

Joachim, der liberale Pädagoge, kritisiert sogleich, in der Wasserpfeife wäre kein Spaß drin. So würden sie die Tür zum Paradies niemals aufkriegen. Die beiden anderen

verstehen sofort. Joachim greift in seine Tasche und lässt rasch einen kleinen grauen Klumpen in der Glut unter der Alufolie der Wasserpfeife verschwinden. „So, jetzt ist da Spaß drin! Macht hoch die Tür, das Tor macht weit! Yiamas!"
Zufrieden stecken sich die drei Halunken wieder die Pfeifenschläuche in ihre Münder und ziehen nun daran wie Industriestaubsauger. Doch riecht der spürnasige Wirt den THC-Braten recht schnell und erklärt ihnen höflich, aber bestimmt, dass sie nun das Lokal verlassen müssten, da ansonsten Anarchie ausbräche und ihr Beispiel Schule mache. Er bringt ihnen die Rechnung und drei letzte Ouzo aufs Haus, was von Lateinlehrer Joachim mit einem Zitat des Trojaners Laokoon kommentiert wird: „Timeo Danaos et dona ferentes" - Ich fürchte die Griechen, auch wenn sie Geschenke bringen. Gut, dass Costas kein Latein spricht. Sie trinken den letzten Schnaps auf Annas Wohl. Yiamas!
Vor dem Lokal entspinnt sich nun eine wortreich gelallte Diskussion zwischen Toby, JoJo und Eddie, wo man denn jetzt noch gemeinsam ein paar Gläschen Wein einatmen könnte. Ein rotweißes Plakat an einer Litfass-Säule lädt zum Jubiläum der hiesigen Feuerwehr ins Spritzenhaus ein. Dorthin will die Karawane ziehen. Der Einwurf, dass man in ihrem alkoholisierten Zustand aus polizeitechnischen Gründen eventuell nicht mehr Auto fahren dürfe, wird durch das Argument entkräftet, dass drei Führerscheine doch wohl bis zum Spritzenhaus reichen würden.
Auf der Jahresfeier kommt es zu einer Havarie, als die drei Amigos, laut skandierend „Oh heiliger Sankt Florian, schütz' mein Haus, zünd' andre an", in bester Polonaiseformation in den Saal poltern, wo die Feuerwehrkameraden gerade eine Gedenkminute für den

unlängst verstorbenen Ersten Kommandanten abhalten. In dem aufkommenden Handgemenge wird Toby beim Rückzug vor der Übermacht der Floriansjünger unbemerkt in ein Nebenzimmer gedrängt. Er macht seiner Empörung über die unfreundliche Behandlung dadurch Luft, dass er dort drei Uniformen mitgehen lässt, bevor er aus dem Fenster steigt. Eine Straße weiter trifft er wieder auf die Freunde. Yiamas!-rufend fällt man sich freudig in die Arme und macht sich sogleich daran, die neue Kleidung anzuprobieren.

Da kommt JoJo ein diabolischer Gedanke.

Er nimmt sich und seinen Kameraden einen provisorischen Amtseid ab und erklärt sie alle zu Verkehrspolizisten. Mit ernstem Gesichtsausdruck stellen sich die drei Uniformierten auf die Straße und winken ein herannahendes Auto an die Seite: Fahrzeugkontrolle! Es werden abgefahrene Reifen und ein rasanter Fahrstil bemängelt. Nach Erhebung einer Verwarnungsgebühr von 50 Euro in bar, lässt man den sichtlich eingeschüchterten Autofahrer unter mahnenden Worten von dannen ziehen.

Das zweite Auto, das sie stoppen, ist ein Streifenwagen. Die von der beraubten Feuerwehr gerufenen Polizeibeamten waren bereits auf der Suche nach dem allseits berauschten Trio.

Hinter einer Hausecke verborgen, beobachtet Anna amüsiert, wie ihre drei Ex-Liebhaber von der Polizei aufgegriffen werden. *Schön, dass sich die drei endlich versöhnt haben*, denkt sie erleichtert.

Anna steht kurz davor, das Land zu verlassen, um Shiva für immer nach Indien zu folgen. Der Guru hat ihr während der vergangenen drei Jahre - unter Zuhilfenahme des Kamasutra - gründlich das Chakra ausgewuchtet.

Guru Shiva heißt in Wirklichkeit Rainer. Dieser hatte sich nach seiner Zwangsexmatrikulation im neunzehnten Semester Sozialpädagogik selbst zum Bhagwan ernannt. Anna will gemeinsam mit ihm ein Ashram - ein Tor zum Paradies - in Poona eröffnen. Ehe sie diesen Schritt jedoch zu tun gedenkt, verlangt es sie nach einer Katharsis. So will sie sich, unter anderem, seelisch reinwaschen von ihrem nagenden Schuldgefühl ob jener zerstörten Freundschaft zwischen Toby, JoJo und Eddie. Dass ihre erste Begegnung mit den Verflossenen nach drei Jahren in einer Ausnüchterungszelle stattfinden würde, hatte sie allerdings nicht geplant. Den Rest im Großen und Ganzen schon.
Während man Toby, JoJo und Eddie in die Grüne Minna verfrachtet, hört sie noch, wie diese die Rolling Stones singend rezitieren: „Let's spend the night together ...", ergänzt durch ein zackiges „Yiamas!"

Cineastische Happy-End-Theorie

Anno domini 2008. Als ich an einem Freitagabend im Kino-Café auf dem von mir bevorzugten Regiestuhl mit dem Namenszug *Clint Eastwood* Platz genommen hatte, um hier den Schuhkauf meiner Freundin auszusitzen, und diesbezüglich Stoßgebete an die Göttin Prada sandte, sie möge die Geliebte noch rechtzeitig zu Filmbeginn wieder aus ihrem Tempel entlassen, wurde ich gezwungenermaßen Ohrenzeuge eines leidenschaftlichen Gesprächs. Ein junges Paar am Nebentisch - sie saß auf einem Stuhl mit der Aufschrift *Scarlett Johansson*, auf seiner Lehne stand *Charlton Heston* - war sich offensichtlich noch nicht einig, von welcher Filmkategorie es sich gemeinsam hinreißen lassen sollte.

Charlton Heston hielt ein flammendes Plädoyer für seinen Favoriten: Der Held des Films sei ein zerrütteter Charakter, hin- und hergerissen von seiner Sehnsucht nach einem beschaulichen Leben und der selbst gestellten Aufgabe, auf der Welt herrschende Ungerechtigkeiten zu beseitigen. Ein einfacher wortkarger Mann, aber voller Ideale, der jeglicher Tyrannei unversöhnlich gegenüber stehe und die wiederum ihn ob seiner Menschlichkeit bekämpfe. Im unerschütterlichen Glauben, das Gute werde schließlich obsiegen, streite er überall auf der Welt für die Befreiung des Menschen aus dem Joch der Sklaverei. Oft habe man ihn getäuscht, für üble Zwecke missbraucht und ihm nach dem Leben getrachtet, doch niemals gäbe er auf in seinem Kampf für die gerechte Sache und der Schaffung einer von Menschlichkeit geprägten Weltordnung.

Unter diesem Aspekt hatte ich die Figur des John Rambo noch nie betrachtet.
Und ich dachte mir noch: Nur ein Idiot setzt sich freiwillig auf den Regiestuhl von Charlton Heston.
Scarlett erwiderte, das klinge interessant ... aber sie würde sich viel lieber jene Lovestory anschauen, deren - *ach!* - so romantische Buchvorlage sie bereits gelesen habe.
Na, das wäre ja wohl die totale Grütze, kommentierte Charlton ach so romantisch diesen Wunsch. In solch einer Schmonzette, fuhr der junge Mann fort, liefe es doch immer gleich ab. Da lernten sich zwei Menschen auf völlig unrealistische Weise kennen, hangelten sich heiter durch zwischenmenschlichen Krimskrams, liebten sich, trennten sich wieder aufgrund an den Haaren herbei gezogener aber dramaturgisch notwendiger Gründe, um am Ende im strömenden Regen und zu Klängen von Fahrstuhlmusik wieder eng umschlungen zu happyenden. Und die einfältigen Kinobesucher schwelgten derweil in einem Wechselbad der Gefühle, während die beiden auf der Leinwand sich für sie ersatzweise verliebten, trennten und wieder verliebten und ihnen damit dieses längst verschollene Schmetterlinge-im-Bauch-Gefühl wenigstens im Ansatz und für eine Filmlänge wieder zurückgaben. Da fehle doch jegliche Sozialkritik. Diese Filme hörten nämlich immer genau da auf, wo das wahre Leben, sprich der graue Alltag beginne.
Scarlett schwieg, dachte offensichtlich nach.
Solange fasste ich für mich noch einmal philosophisch schmunzelnd zusammen: Sie wünschte einen Beziehungsfilm zu sichten, obwohl es eigentlich ein Kriegsfilm ist, da die beiden Hauptpersonen sich am Ende immer kriegen. Er wollte aber lieber einen Kriegsfilm schauen, obwohl es sich eher um einen Beziehungsfilm handelt,

weil die Bösen darin vom Helden immer Dresche beziehen ...

Plötzlich fragte sie ihn, ob ihn ihre gemeinsame Beziehung anöde.

Das kam unerwartet - meine Ohren wuchsen auf die Größe von Rhabarberblättern an.

Aber das habe er doch mit keinem Wort gesagt, wies der junge Mann verblüfft diese gefragte Behauptung von sich.

Er habe es aber so gemeint, erwiderte Scarlett. *Ersatzweise verlieben. Längst verschollenes Schmetterlinge-im-Bauch-Gefühl im Ansatz wieder verspüren. Grauer Alltag.* So sehe er also ihre Beziehung.

Das sei blanker Blödsinn, verteidigte Charlton sich. Sie beide habe er damit doch nicht gemeint, protestierte er, allerdings zaghaft, versuchte dabei aber immerhin die stoische Miene eines Jean Reno zu entleihen - nur schien der sie nicht hergeben zu wollen. Bei ihnen beiden sei doch alles in Ordnung, versuchte Charlton die Sache abzuhaken. Sie solle hier und jetzt nicht auf Sex-and-the-City-Dramolett machen.

Ja, bloß nicht darüber reden, brach es aus Scarlett heraus. Lieber stumm im Kino hocken und sich einen blöden Ballerfilm reinziehen, das könne er. Mehr nicht. Nie würde er auf sie eingehen und überhaupt mache man immer nur, was er wolle, weil er sonst die ganze Zeit einen Flunsch ziehe. Warum war man eigentlich noch zusammen? Wäre es ihm nicht lieber, sie würden sich trennen? Raus damit! Hier und jetzt! Dann habe man es hinter sich.

Die Stille nach dem Schuss.

Noch während er an dieser Salve aus dem Hinterhalt laborierte, fragte der junge Mann verständnislos dreinblickend, was das nun solle. Er wolle mit ihr doch bloß ins

Kino gehen und gut. Seinetwegen auch in diese Liebesschnulze.

Nein, formten ihre Lippen das Wort stärker als die Stimmbänder es intonierten. Das war jetzt Audrey Tautou in *Die fabelhafte Welt der Amelie* – nur ohne das bezaubernde Lächeln. Nein, so gehe das nicht. Sie könne jetzt nicht mehr mit ihm ins Kino gehen, als wäre nichts gewesen. Sie müsse über seine Gleichgültigkeit nachdenken und brauche jetzt erst einmal etwas Abstand. Sie werde jetzt gleich zu ihrer besten Freundin gehen und bei dieser auch über Nacht bleiben. Sprachs, stand auf und ging weg, er hinterher und in einem Reigen aus Gesten, Anschuldigungen und Dementis verließen sie das Café.

Wenig später traf endlich meine Freundin ein - abgehetzt, angespannt und über Kreuz mit der Göttin Prada, deren horrende Opferforderung für ein Paar ihrer Reliquien der Größe 38 sie vom Glauben hatte abfallen lassen.

„Zeitlich reicht's uns aber noch ins Kino", stellte sie mit einem Blick auf ihre Uhr zufrieden fest. „Was könnten wir denn anschauen? Also ich hätte da einen Vorschlag."

Ich winkte ab: „Ach du, lass uns doch lieber irgendwo etwas trinken gehen und einfach nur ein bisschen reden."

Ihr Schweigen und der dazugehörige Blick waren mir nur allzu vertraut: Ich wurde wieder einmal geisteszuständlich vermessen.

„Du?!" stieß sie abrupt hervor und schaute mich dabei an, als wäre ich ein Splatter Movie, dem man versehentlich den Oscar verliehen hat. „Du? Der Filmfanatiker! Willst reden anstatt ins Kino zu gehen?"

„Äh, ja. Im dunklen Kino stumm nebeneinander dasitzen und bloß geradeaus starren ist doch irgendwie unpersönlich."
Sie atmete zweimal durch. Und noch einmal. Dann erlebte ich ein Déjà-vu.
„Aha", sagte sie. „Gemeinsam einen Film genießen findest du plötzlich *unpersönlich*? Was ist los? Spielt dieses *Unpersönlich* eventuell auf mehr an als das Kino? Vielleicht auch auf unsere Beziehung? Ich habe neuerdings eh das Gefühl, dass du emotional auf Standby geschaltet hast. Ist es das, was du mit mir bereden willst? Willst du, dass wir uns trennen? Sag's mir lieber gleich hier, dann haben wir's hinter uns."
Diese ungerechten Vorwürfe brachten mich nahe einer Gemütslage, nach deren Diagnose die Sicherheitsverwahrung folgt. Also erst einmal tief durchgeatmet. Und noch einmal.
In diesem Moment begriff ich den tieferen Sinn von Liebesfilmen.
Es geht gar nicht darum, dass Filmpaare sich ersatzweise fürs Kinopublikum verlieben. Es geht darum, dass sie sich stellvertretend für die Zuschauer kurzzeitig *trennen*! Ohne diese Filme würde die Scheidungsrate garantiert exponentiell ansteigen.
Und ich verstand nun auch die Mission von Kriegsfilmen.
So mancher Mann sieht sich als einsamen Kämpfer, der täglich im Beziehungs-Dschungel auf Patrouille muss. Ein verbales Missverständnis in diesem Dickicht und schon steht er auf einer Tretmine, die den ganzen Abend wegsprengen kann. Aber meist hat er abends sowieso eine sprachliche Ladehemmung, weil er sein Worte-Magazin bereits tagsüber auf Maloche verballert hat,

während sein redseliger Gegner, den er sehr mag, von ihm fordert, ihn weiter unter Beschuss zu halten.
Solch ein Mann wird immer der einsame Dschungelkämpfer bleiben.
Und die Frau ist sein geliebter Feind.
Nur erschießen darf er sie nicht.
Das erledigt ersatzweise John Rambo.

Treibe Sport ... sonst bleibst du gesund
Chronik einer Midlife Crisis
Teil III

Flieh, mein Freund! Sei wie eine Gazelle oder wie ein junger Hirsch auf den Balsambergen!
Das Hohelied Salomons 8, 14

Nach wochenlangem Niederschlag scheint es dir, als habe das schlechte Wetter nun endgültig die deutsche Staatsbürgerschaft erhalten. Obgleich die Meteorologen eidesstattlich bekunden, man halte sich derzeit im Sommer auf, weigert sich der hiesige Wettergott, mehr als 14 Grad auszudünsten - bepinkelt dich in gemeiner Weise gar mit beißend kaltem Regen. Zitternd, weil lediglich in eine Badehose gehüllt, stehst du unweit eines von Algen und Schlamm getrübten Sees, betrachtest die am Seeufer ameisengleich wuselnde Menschenmenge, und kannst nicht fassen, was du demnächst tun sollst.
Verflucht sei jener fatale Moment in der Stammkneipe, als bierseliger Übermut dich wieder einmal in den Drachentöter verwandelt und behaupten lassen hatte, einen Triathlon zu bewältigen könne wohl nicht so schwer sein.
Du bist verloren.
Du bist ein Drachentöter, der dem Lindwurm Auge in Auge gegenübersteht und dabei feststellt, dass in seiner Schwertscheide lediglich eine Banane steckt. Und so stehst du hier und verdammst besagten Männlichkeitswahn, der von dir nun die Ehrenhaftigkeit verlangt, das einmal gegebene Wort zu halten. Topp, diese Wette killt!
Der Veranstalter verbreitet soeben via Lautsprecher die frohe Kunde, der See wäre eisfrei und man habe endlich eine Stelle gefunden, an der die vorgeschriebene Wasser-

temperatur von mindestens 16 Grad größtenteils vorherrsche. Einem planmäßigen Schwimmstart stehe also nichts mehr im Wege.
Einzig die Befürchtung einer psychiatrischen Einweisung hält dich jetzt noch davon ab, auf einen Baum zu flüchten und lauthals nach deiner Mami zu rufen.
Unter der regennassen Plane des Zuschauerzeltes identifizierst du deine zweifelhaften Freunde, die dir sogleich mit Glühwein zuprosten. Und dann bejubeln sie dich euphorisch. Zumindest interpretierst du es so, da du sonst annehmen müsstest, dass sie lediglich hämisch lachen.
Noch eine Minute bis zum Startschuss.
Du fällst jetzt nur deshalb nicht totaler Panik anheim, weil es dazu im seichten Wasser viel zu kalt ist. Zur Aufwärmung trippelst du auf der Stelle und wünschst dir beim Anblick deiner Füße inbrünstig, du mögest vergessen haben, deine lila Socken auszuziehen...

Stampede!
Als der Startschuss erfolgt, stampft die Herde der Triathleten wild auf und stürzt sich laut blökend in den See. Auch dir schlägt nun die Stunde. Trotz wackerer Gegenwehr wirst du vom Mob unaufhaltsam mitgerissen und schließlich ins Wasser gestoßen. Doch musst du versehentlich in flüssigen Stickstoff gefallen sein, da es dich schockfrostet. Als du einen Schrei ausstoßen willst, spült dir die Bugwelle der Nachfolgenden dein Geheul wieder den Schlund hinab. Husten, Rülpsen, Herzstillstand, nein falsch, du bekommst einen epileptischen Anfall, wieder falsch, es muss eine Lungenembolie sein, ja was denn nun, entscheide dich!
Halt!
Jetzt weiß du's.

Du ertrinkst.
Bewegen!
Du musst dich bewegen!
Musst schwimmen, paddeln, kraulen. Aua, irgendein Idiot hat dich ins Bein gebissen. Sobald der andere Kerl endlich deine Ohren loslässt und über dich hinweg geschwommen ist, wirst du dich darüber empören. Deine Hand hat sich in deiner Badehose verheddert, ein kräftiger Ruck und sie ist wieder frei ... und schwimmt davon!? Der große Zeh von irgendjemandem zieht dir die Unterlippe lang, so dass erneut Wasser in dich einläuft. Du beginnst zu sinken. 180 ... 190 ... 200... Das muss das Boot aushalten! In zwei Metern Tiefe gelingt es dir endlich, allen Umklammerungen zu entkommen und seitlich des Getümmels wieder aufzutauchen. Etliche Handgemenge später und um drei Liter Wasser schwerer schwimmst du endlich los und jagst das Feld der Nachzügler erbarmungslos vor dir her. Als deine linke Wade intensiv mit einem Muskelkrampf zu flirten beginnt, stellst du auf Einbeinbetrieb um. Die Unterbesetzung deines Teams lässt dich mehrmals ins Schilf abdriften, bis du sieben Weltmeere später doch noch am Zielufer angeschwemmt wirst.
Nennt mich Ismael! Das war knapp. Deine Bronchien pfeifen bereits „Yellow Submarine". Dankbar küsst du den Uferboden - kein Flughafen dieser Welt kann besser schmecken. Welch eine Tortur. Die gute Nachricht: Der Regen kommt einem nun viel wärmer vor.
Gliederlahm torkelst du in die Kleiderwechselzone, wo ein Andrang herrscht wie an einem Wühltisch im Sommerschlussverkauf. Unzählige Sportler tummeln sich hier auf der Suche nach ihren Stoffsäcken mit der Radkleidung. Du greifst nach deinem Beutel, gerätst jedoch in einen Ringkampf mit einem Mann, der behauptet, es

wäre seiner, ohrfeigst einen dritten, der ihn euch entreißen will, wirst plötzlich in den Schwitzkasten genommen, beißt dich frei, nur um sogleich durch ein geschwungenes Kleiderbündel niedergestreckt zu werden, blickst nicht mehr durch und stellst dir deine Radgarderobe anhand der vielen am Boden liegenden Einzelteile individuell zusammen. Da sich in der Wechselzone keine Steckdose findet, begibst du dich ungeföhnt zum Radabstellplatz...

Laut Veranstalter erwartet den Triathleten nun eine „abwechslungsreiche Route durch pittoreskes Gelände", was einen floristischen Ästheten wie dich sehr erwartungsvoll stimmt. Doch wie du auf deinem Dreigangrad feststellen musst, wechselst du nicht nur die Disziplin, sondern auch die Bewusstseinsebene: Schmerz wird sichtbar. Er materialisiert sich zu zwei kleinen roten Teufelchen, die links und rechts über deine Oberschenkel hüpfen und jedes Mal auf diese mit Knüppeln eindreschen, sobald deine Füße die Pedale berühren.

Als dich jemand gnädigerweise anschiebt, fallen die Teufelchen herunter.

An der nächsten Steigung sind sie wieder da - diesmal mit Presslufthämmern bewaffnet.

Ein Pulk Mitstreiter der nachfolgenden Startgruppen beschimpft dich plötzlich übel, da du angeblich den Weg versperrst. Ihre Proteste richten sich gegen den quer gespannten Besenstiel auf deinem Gepäckträger. Die Idee hast du Ben Hur abgeschaut. Deine Gegner sollen wissen: Du kämpfst mit harten Bandagen. Währenddessen kriecht dir ein steiler Hügel nach dem anderen unter die Räder. Deine Lungen haben die Musikrichtung ge-

wechselt und fiepen nun „La Montanara". Scheiß pittoreskes Gelände!
Als bereits der kleinste Teerflicken auf der Straße für dich eine unüberwindbare Anhöhe darstellt, die es zu umfahren gilt, triffst du endlich im Wechselbereich für das Laufen ein. Auch findest du dort auf Anhieb deine Laufschuhe, was diesmal jedoch eine leichte Übung ist, sind sie doch das letzte Paar in der Wechselzone…

Etwas stimmt hier nicht.
Seit du dich über die Laufstrecke schleppst, beschleicht dich dieses merkwürdige Gefühl, etwas Wichtiges vergessen zu haben. Du überlegst: Bügeleisen ausgeschaltet, Lottoschein abgegeben und nach der morgendlichen Evakuierung deiner Verdauungsrückstände hast du es auch nicht versäumt, den Spülknopf zu betätigen.
Alles erledigt! Und trotzdem, etwas ist faul im Staate Triathlons.
Als du von einem Zuschauer höhnisch gefragt wirst, wo man denn diesen eleganten „Laufhelm" erwerben könne, siehst du klar: Du Tölpel hast völlig vergessen, zum Laufen den Radhelm abzunehmen. Ein anderer setzt noch eins oben drauf, indem er dir hinterher ruft: „Lauf, Forrest, lauf!" Doch siehst du dich außerstande Blamage zu fühlen, denn dazu plagen dich inzwischen allzu sehr deine Achillessehnen. Das Salman-Rushdie-Syndrom, kommt es dir in den Sinn: Ärger mit den satanischen Fersen. *Ha ha ha*, hörst du jemanden über diesen Kalauer lachen und stellst fest, dass du selbst es bist. Und obwohl sich die Erdanziehungskraft unter deinen Sohlen inzwischen verdreifacht zu haben scheint, hinkst du unbeirrt weiter, während deine Umgebung zunehmend in kurioser Unschärfe versinkt. Vertraute Schemen treten

aus diesem Dunst hervor: *Dein erster Schultag, als du neugierig den Feuermelder eindrückst... Deine Konfirmation und Großvaters Gebiss im Suppentopf... Julchen Schröder, die dir sagt, sie liebe dich nicht... Die Keilerei auf dem Leichenschmaus des Erbonkels... Durch die Führerscheinprüfung gerasselt... Der Morgen nach dem Weinfest, als Petra plötzlich Peter heißt... Und da: ein Triathlon! ...*
Nacht.

Triathlon ist wenn man trotzdem lacht.
Drei Tage später ist deine Leichenstarre zu einem formidablen Muskelkater abgeklungen, wobei dir selbst das Blinzeln mit den Augenlidern noch Schmerzen verursacht. Du fühlst dich wie ein menschlicher Barbie-Ken, dem man Arme und Beine seitenverkehrt angesteckt hat. Diverse aufgescheuerte Körperstellen schrammten quasi gerade noch an einer Haut-Transplantation vorbei und dein Erlebnis mit zwei kleinen roten Teufelchen wird von den Ärzten als temporäres Stress-Symptom eingestuft. Der Oberarzt empfiehlt dir den Wechsel der Sportart: Schach. Mit leichten Figuren.
Ein Freund holt dich von der Klinik ab. Im Auto sitzend versucht er es mit Konversation. Zuerst erzählt er dir den Teil deines Laufes, der deinem Bewusstsein abgeht. In deinem Falle, so berichtet er, war nicht der Weg das Ziel, sondern das Ziel war weg. Bedenklich schwankend und völlig apathisch schlurfend wärst du auf die Aschenbahn des Sportplatzes eingebogen, wo man jedoch den Finish-Bereich bereits abgebaut hätte.
Dann beliebt es dem Kameraden zu scherzen.
Bei dem hohen Stargeld, sagt er, stünden dir für die Laufstrecke rein rechnerisch zwei weitere Kilometer zu. Nächstes Jahr reklamiere er dies beim Veranstalter!

Ja, nächstes Jahr, antwortest du, und lässt deinen Blick aus dem Autofenster und über die Balsamberge schweifen. Eine Gazelle und ein junger Hirsch auf einem Fahrrad überholen euch verkehrswidrig auf der rechten Seite. Sie winken dir zu, du winkst zurück. Die Welt ist schön.

Große Erwartungen

Montag.
Noch fünf Tage, dann begegne ich also meiner ersten Online-Verabredung. Dufte Sache, so ein virtueller Treffpunkt. Ist quasi die große Fleischtheke für Paarungswillige. Und so ausgehungert wie ich es bin, krieg ich hier vielleicht endlich das Filetstück, das ich seit langem suche.
Ihr Foto im Kontaktforum: Swing! Steiler Zahn. Na ja, das Persönlichkeitsprofil der Lady ist ja nicht gerade mein Fall. Viel unverständlicher Krimskrams drunter. Aber es heißt ja: Gegensätze ziehen sich an.
Sie spüre eine starke Affinität zwischen uns, schrieb sie mir. Auch sie interessiere sich sehr für existenzielle Literatur, Experimental-Kino und Ausdauersportarten.
Musste erst mal nachschlagen, was Affinität bedeutet. Dachte schon, das wäre irgend so 'ne sodomitische Sauerei. Marathonlaufen sehe ich mir ganz gerne im Fernsehen an, aber am liebsten natürlich Fußball und Autorennen. Und die Felder mit dieser intellektuellen Film-und-Literatur-Grütze kreuzt man doch zwecks gutem Eindruck und so auf jeden Fall an, oder?
Meine Antwort auf eine vorgegebene Profil-Frage, fand sie „sehr poetisch". Unter WAS SUCHST DU? schrieb ich: „Die Enden der Parabel."
Abgefahrener Spruch.
Bedeutet bestimmt was.
Las ihn zufällig auf einem Buchumschlag, als ich in der Groß-Buchhandlung nach dem neuesten Penthouse-Kalender fragte. Hätte ja am liebsten geschrieben:

„Suche die ideale Frau: eine taubstumme Nymphomanin mit eigener Brauerei." ...

Dienstag.
Heute schreibt sie: „Ich freue mich sehr auf dich."
Ey, „freut" man sich lediglich auf jemanden, den man später vielleicht heiraten, mit dem man Kinder haben wird? Klingt reserviert. Schriebe sie sonst nicht eher: „Ich kann es kaum erwarten". Na ja, sie scheint so ihre Erfahrungen gemacht zu haben. Und jetzt hat sie vermutlich Muffensausen vor einer neuen Beziehung. Die Aussicht auf eine gemeinsame Zukunft muss man ihm glaubhaft rüberbringen, dem Weibsvolk, sonst geht da gar nichts. Habe deshalb unter der Rubrik „Familienwunsch" gleich mal ein Häkchen bei „Ja" gesetzt. Ist für die Frau wie ein Versprechen, na ja, und versprechen kann sich jeder mal ...

Mittwoch.
Schreibt mir fragend, warum ich ihre Mails nicht mehr beantworte. Ey, weiß die nicht, dass mich jede Antwort in diesem blöden Chat Room mindestens soviel „Credits" kostet, wie mein halber Stundenlohn bei der Putzfirma? Jawoll, meine Dame ... andererseits ... falls das was mit ihr wird, lohnt sich diese Investition dann schon.
Liebe Sybille!
Ich freue mich auch.
Gruß Werner
Sybille! Ich kenne niemand, der Sybille heißt. Niemand heißt Sybille. Ist bestimmt ein Deckname. Na, bloß gut, dass ich nicht Werner heiße ...

Donnerstag.

Frage mich inzwischen, weshalb eine so schöne Frau im Internet inseriert. Hat vermutlich drei Gören an der Backe, die sie vorsichtshalber in ihrem Lebenslauf unterschlägt. Und ihr Foto ist dann bestimmt genauso unecht wie ihr Name.
Ok, ich habe auch ein falsches Foto verwendet. Aber das ist was anderes! Damit gebe ich nämlich ihr eine Chance. Jawoll, meine Damen, denn so wird sie nicht von meinem Aussehen irritiert, von wegen falschem Eindruck und so. Wenn die mich erst mal besser kennt, ist mein Äußeres eh zweitrangig. Wie ging doch der Sinnspruch noch mal, den ich gestern in diesem Männermagazin las: Ein schöner Mann ist nicht immer intelligent - aber ein intelligenter Mann ist immer schön. Na bitte, da haben wir's doch.
Reden. Reden sollen wir mit ihnen. Und zuhören. Das wollen sie, die Weiberleute. Das ist schon anstrengend genug für uns Männer, da können die Zoschen nicht auch noch 'ne Brad-Pitt-Fresse verlangen.
Wie auch immer. „Aussehen zweitrangig" gilt bloß für Männer! Bei Frauen liegt die Sache ganz anders. Die müssen uns Männer vor allem äußerlich motivieren. Quasi optisches Heroin. Weil wir nur darauf reagieren. Jawoll, meine Damen! Genau so ist das! Und da können wir auch nix dafür! Das ist bei uns genetisch bedingt! Ey, so weit kommt's noch, dass ich mich dafür oder für mein Aussehen vor der Tusse auch noch rechtfertige. Da krieg ich ja jetzt schon so 'nen Hals...

Freitag.
Ein verflucht teures Lokal, das sie da vorgeschlagen hat. Und ich soll dann die Kohle für die Rechnung abdrücken, oder wie läuft das? Was, wenn sie das ständig so macht, dass sie sich von einem Blödmann zum Big Din-

ner einladen lässt und ihn danach sauber abzockt? Und dann macht sich Madame womöglich auch noch galant vom Acker, ohne sich vorher noch sexuell erkenntlich gezeigt zu haben. Jawoll, meine Herren, langsam wird mir klar: genau so läuft das! So kommt man natürlich auch über die Runden. Die Sache stinkt doch bis hierher, Luder, du!

Samstag.
Ha ha! Du sitzt jetzt bestimmt schon im Lokal, hinterhältiges Miststück. Aber dort kannst du lange auf mich warten. Nee du, schaufle du mal schön alleine den Kaviar. Das war's. Hast deine Chance verspielt. Gleich morgen such ich mir ein anderes Weib aus. Eins, das nicht so offensichtlich auf Abzocke aus ist.
Außerdem hätte ich heute sowieso keine Zeit gehabt, da meine Frau überraschend das Wochenende doch nicht bei ihren Eltern verbringt und nachher unbedingt mit mir noch ein neues Kinderbett kaufen gehen will.

Mutmaßungen über Julia

Rommy und Jule
Dritter Aufzug, 5. Szene, auf Jules Bude

Rommy und Jule.
Jule (räkelt sich in Bettstiefeln lüstern und frisch defloriert auf den Laken). He, Alter, willste dich etwa schon wieder vom Acker machen? Bleib cool! Alles ganz easy. Der Morning is noch fern und der Sound, der da eben in deinen Lauschern rockte, war ne Nachtigall. Absolut null Lerche am Start. Die pfeift dort auf dem Granatbaum schon seit wir's hier treiben. Jetzt glaub's mir halt, du kleine Sexgranate, es war ne Nachtigall.
Rommy (ans Bettgestell gekettet). Punk mich nicht von der Seite an, Schnalle! Na logan hat da ne Lerche geträllert. Und nun schließ meine Handschellen auf, ich muss schleunigst die Biege machen, bevor hier sämtliche Cops von Verona antanzen.
(Die maskierte Jule rollt ihre Peitsche ein und löst seine Handschellen, sodann schmeißt sich der Rocker in seine Lederkluft, hechtet übers Balkongeländer auf seine Harley und brettert gen Mantua, auf der Flucht vor seinen Verfolgern...)

Liebeskrank sitzt Hardy in der ersten Reihe des Globe-Desaster-Theaters.
Er sieht sich diese sozialkritische Variante der berühmtesten Liebesballade der Welt inzwischen zum neunten Mal an, denn sein Herz ist hoffnungslos in Liebe zu dieser entarteten Julia mit dem wilden langen Schwarzhaar entflammt. Der begnadete Anblick, wie sie in Netzstrümpfen, Latex-Oberteil und String-Tanga durchs diffuse Rampenlicht gleitet, treibt ihn täglich zu der Aufführung und seinen Puls an die Infarktgrenze. Prall drängen sich der Schönen Brüste in ihrem Kautschuk-

Gefängnis, das jede Sekunde zu platzen droht. Ebenso „angespannt" ist die sexualpolitische Lage in Hardys Schritt. Unter derart süßem Schmerz leidend, dankt er erneut dem Schicksal, dass es diese Göttin zehn Tage zuvor vom Olymp herabsteigen, will meinen, halbnackt in seiner Stammkneipe auftauchen ließ. Für Hardy war es hormonelle Erschütterung auf den ersten Blick. Die allseits begaffte Femme fatale verteilte derweil arglos Handzettel, darauf sie für ihr avantgardistisches Theaterstück warb. Heißdampf zischte durch seine Arterien, als sie ihn derart verrucht anlächelte, dass es selbst dem Marquis de Sade die Hosenknopfleiste abgesprengt hätte. Als sie Hardy sodann eines der Prospekte persönlich überreichte und dabei mit dem Mittelfinger über seine Handfläche strich, drang ihm der Schock darüber blitzartig in die Lenden und es gingen ihm genital die Ochsen durch. Bis er sich körperlich und seelisch wieder gefangen hatte, war der Grund für die Auslösung seiner Selbstschussanlage längst wieder hinaus auf die Straße getreten, wo ihre nahezu surrealistische Anatomie gewiss den Verkehr zum Erliegen und Flugzeuge zum Absturz brachte.

Um der Angehimmelten auch im Geiste verbunden zu sein, hatte sich Hardy gar dazu aufgerafft, Shakespeares Original zu lesen. Trotz seiner, zugegeben, tiefen Ergriffenheit erachtet Hardy dennoch die gesamte Story für moralisch verdammenswert, stellt gar das berühmte Werk aufgrund inhaltlicher Mängel kategorisch in Frage.

Von großer Liebe zwischen Romeo und Julia sollte schon einmal gar nicht die Rede sein. Gleich im ersten Aufzug erfährt der Leser nämlich von einem Romeo, welcher da ziemlich geknickt über die Heide schlurft, Rotz und Wasser plärrend aufgrund einer gewissen … Rosalinde! Diese nebulöse Dame ist derzeit Veronas steilster Zahn und Romeo lobt sie vor seinem Vetter Benvolio über den Schellenkönig. Und weshalb hat Bübchen sein Böckchen? Weil sich Rosalinde von Herrn Romeo nicht unverbindlich beschlafen lässt. Wie sehr auch der forsche Eroberer gegen ihre dekolletierte Brüstung Sturm läuft, sie bleibt für ihn eine blasiert lächelnde Festung mit hochgezogener Zugbrücke und trockengelegtem Burggraben.

Doch sapperlot, kaum dass es Shakespeare Abend werden lässt über Verona wird der notgeile Romeo auf der Suche nach Rosalinde erstmals der unschuldigen Julia ansichtig, worauf ersatzweise nun ihretwegen das Stangenfieber in seiner Hose ausbricht. Sein amouröser Gesinnungswandel erfolgt derart radikal, dass Rosalinde, die redliche romeo-resistente Rosalinde, nach der dritten Szene keine weitere Erwähnung in Shakespeares Drehbuch findet. Eine ganz schöne Schlamperei, das Stimmigsein der Story betreffend. Aufgrund dieser Flatterhaftigkeit spricht Hardy diesem genitalgesteuerten Kerl gleich anfangs jegliche emotionale Glaubwürdigkeit ab. Oh ja, Hardy kann durchaus zwischen den Zeilen lesen: Romeo ist die Donnerhüfte von Verona und hat es faustdick hinter dem Hosenlatz.

Wie jeder weiß geht die naive Julia dem erfahrenen Playboy unaufhaltsam auf den Leim. Innerhalb von nur fünf Dialogzeilen verwandelt der routinierte Gärtner die noch ungemähte Wiese in ein schmachtendes Feuchtbiotop. Ein weiterer Wortwechsel genügt und schon windet sich des Schwerenöters Zunge ungestüm in ihrem Mund - welch verhängnisvoller Reigen zweier Fleischlappen, leitet er doch Romeos beispiellos ruinöse Karriere und damit auch Julias Verderben ein. Es kommt, wie es kommen muss: Zwei Akte später wird nach dem fahrlässigen Romeo gefahndet. Hat der doch inzwischen ganze

Arbeit geleistet: seinen Erzfeind Tybalt im Affekt filetiert, sich nebenbei die Verbannung aus Verona eingehandelt und en passant mit der Deflorierung Julias eigentlich den Tatbestand der Verführung einer Minderjährigen erfüllt. Für letztgenanntes Vergehen nämlich förderten Hardys sorgfältige Studien die schockierende Erkenntnis zu Tage, dass Julia gerade einmal dreizehn Jahre alt ist, als sie erstmals vor Romeos Wurst-Theke steht. Das Buch sollte eigentlich „Pädophilio & Infantilia" tituliert werden.

Allein Julias Verhalten ist hierbei für Hardy nachvollziehbar. Dieses geistig noch unreife Mädchen vegetiert dahin im Goldenen Käfig des konservativen Elternhauses und wird eigentlich nur durchgefüttert, um später einmal gewinnträchtig an einen liquiden Mann verkuppelt zu werden. Zudem nagt Julia als weibliches Wesen in jenen patriarchalischen Zeiten unterhaltungstechnisch am Hungertuch. Nur äußerst selten steht für sie ein von ihren spießigen Alten veranstalteter Maskenball zur Disposition, wobei sie wenigstens unter Leute kommt und es sich beim Gruppentanz satt abschwofen lässt. Kann man also dieser parental unterjochten Kindfrau vorhalten, dass sie wie ein Hochofen kocht, sobald unverhofft solch ein staubiger Gottlieb daher gelaufen kommt? Julia ist nichts weiter als das Opfer von Umständen, die kausal auf eine verwerfliche Erziehung zurückzuführen sind. So gesehen ist Rosalinde in dieser Geschichte einiges erspart geblieben.

Solche Wahrheiten erörtert also Hardy während besagtem neunten Besuch von „Rommy & Jule. Eine Stricherliebe in Verona". In dieser knallharten Unterschichtenversion lernen sich die beiden Liebenden anstelle des Maskenballs während einer Love Parade auf dem Kiez kennen. Rommy, ein Junkie mit sadomasochistischen Zügen, gehört der Montague-Motorrad-Gang an und hält sich durch die honorierte Bereitstellung seines Körpers für sexuelle Dienstleistungen an älteren Herren über Wasser. Die im dominalen Umgang mit der Peitsche hochtalentierte Jule ist Mitglied der rivalisierenden Capulet-Bande, schnupft mehlsackweise Kokain und verdingt sich als Striptease-Tänzerin im Stangenwald des Veroneser Rotlichviertels.

Die Rauschgift-Oper erreicht nun die Szene, wo Julia im Original das von Pater Lorenzo gemischte Schlafmittel trinken würde, welches sie für zweiundvierzig Stunden in einen todesähnlichen Zustand versetzen sollte, um so der aufgezwungenen Vermählung mit dem ungeliebten Prinzen Paris zu entgehen. Die neuzeitliche Jule fixt sich besagtes Sedativum auf einem Bahnhofsklo – ein Moment, der den emotional schwerstbeschädigten Hardy jedes Mal aufs Neue bestürzt. Pater Lorenzo modernisierte man dabei zum Streetworker Lothar, während sich Prinz Paris zum Zuhälter Pariser-Paule degradiert sieht. Auch hat Pariser-Paule gar nicht vor, Jule zu heiraten, sondern gedenkt lediglich, das arme Ding seinem Bordell einzuverleiben.

Diese Stelle der Tragödie hat Hardy letztendlich zu seinem Entschluss inspiriert. Er wollte handeln, ehe das Objekt seiner Begierde noch an einen anderen ging. Heute will er es endlich wagen, die schöne Frau nach ihrer Perfomance anzusprechen und ihr seine Liebe gestehen.

Hardy ist darüber so nervös, dass er kaum mitverfolgen kann, wie währenddessen auf der Bühne jene fatale Verkettung unglücklicher Umstände erfolgt, derenthalben man Rommy fälschlicherweise berichtet, seine „Heroine" habe sich den Goldenen Schuss gesetzt und rudere be-

reits auf dem Styx gen Orkus. Jule tot glaubend, beginnt Rommy nun etwas auszurasten und massakriert sogleich prophylaktisch Prinz Paris alias Pariser-Paule. Und da ihm ein Leben ohne Jules Peitschenhiebe sinnlos erscheint, ferner ihm das Töten inzwischen recht leicht von der Hand geht, verabreicht er obendrein sich selbst die finale Rauschgift-Spritze, auf dass der Tod heroinspaziere.
Kaum ist Rommy endgültig abgetreten, erwacht Jule planmäßig aus dem selbst herbeigeführten Koma, entdeckt ihren Lover, von drei Gramm Heroin ins Jenseits gebeamt, worauf sie sich in rational unkontrolliertem Reflex in Romeos Stilett stürzt. Nie erschien der Verstoß gegen das Betäubungsmittelgesetz, die Defloration einer Minderjährigen und ein törichtes Harakiri erhabener, romantischer und erstrebenswerter, sodass der Vorhang und Hardys bittere Tränen nun endlich fallen können.

Nach der Vorstellung sieht man Hardy mit einem Blumenstrauß nervös hinter einer Litfaßsäule in der Nähe des Bühnenausgangs lauern. Seine Strategie hat er dabei wohl durchdacht: Er würde vor ihr niederknien und sie mit einem Hamlet-Zitat beeindrucken, das er unter *So-kriegen-sie-jede-rum.com* fand:

> Zweifle an der Sonne Klarheit,
> Zweifle an der Sterne Licht,
> Zweifle, ob lügen kann die Wahrheit,
> Doch an meiner Liebe zweifle nicht.

Der Rest würde sich dann von selbst ergeben.
Alsbald öffnet sich der Künstlerausgang und Hardys Angebetete tritt ins Freie. Die Diva, welche er lediglich unter dem Pseudonym Jule kennt, ist noch immer in

Lack und Leder gehüllt. Hardy, der sich vorwiegend von der Firma Tchibo ausstatten lässt, ahnt inzwischen, dass es sich dabei um Jules alltägliche Tracht handelt.
Da! Jule nähert sich seinem Baum!
Zur Beruhigung schlägt Hardy seinen Kopf einmal heftig gegen die Litfaßsäule, dann tritt er hervor und fällt vor seiner Angebeteten auf die Knie, die verblüfft stehen bleibt.
Nun, da Jule abgeschminkt ist, erkennt er deutlich an dem von Göttern geformten Kinn den Ansatz von … Bartstoppeln!
„Zweifle…", japst Hardy noch irritiert, dann versagt ihm vollends die Stimme.
„Zweifellos bin ich nicht das, wofür du mich gehalten hast, Alter.", gibt Jule süffisant lachend zurück. „Und die Blumen kannste stecken lassen, ich steh mehr auf die Lederknute."
Damit geht Jule lässig an ihm vorbei, bleibt jedoch nach wenigen Metern stehen und dreht sich zu dem noch immer knienden Hardy um.
„Was ist nun, kommst du?"

Das kann ja Eiter werden
Chronik einer Midlife Crisis
Teil IV

*Und er sprach zu mir: Du Menschenkind, meinst du wohl,
dass diese Gebeine wieder lebendig werden?
Und ich sprach: Herr, du allein weißt es.*

Hesekiel 37, 3

Nun hast du also Quartier im Krankenhaus bezogen - hierher gebracht durch Meniscus Medialis, wobei es sich aber nicht etwa um einen griechischen Taxifahrer handelt, sondern die halbmondförmige Unterlegscheibe im Kniegelenk.
Und die deine ist so zertrümmert wie deine Jugendträume.
Dein Krankenzimmer gleicht einer Fertigpizza: fade, grau, nach Käse riechend und exotisch belegt. Die Zutaten sind Anastassios, Murali, Norbert und du; sozusagen „Quattro Stazione". Bis auf deine Wenigkeit sind alle Zimmergenossen bereits tranchiert, repariert und rekonvaleszent eingelagert worden.
Anastassios ist ein griechischer Rentner, der behauptet, eine „Akropolis" hinter sich zu haben, womit er vermutlich eine Arthroskopie meint. Murali stammt aus Indien und verdingt sich als fliegender Händler; sein linker Oberschenkel und sein Deutsch präsentieren sich gleichermaßen gebrochen. Verbleibt noch der Finanzbeamte Norbert. Von einer schweren Schulterfraktur genesend, leidet jener chronisch an zwanghaftem Mitteilungsbedürfnis. Fragst du ihn nach der Zeit, erklärt er dir, woraus eine Uhr besteht. Norberts Spezialität sind Erzählungen über seine persönlichen Klinikaufenthalte. Und da du der Neuling bist, hat diese Verbalplage es sich zur

Aufgabe gemacht, dir mit unzähligen postoperativen Horrorszenarien aufzuwarten, um dir in diesen schweren Stunden den Rest zu geben. Ein Zeitgenosse, der sich quasi nur wohl fühlt, wenn sich jemand anders nicht wohl fühlt.

Die Visite der Anästhesistin erlöst dich aus Norberts bluttriefender Anatomiestunde. Sie händigt dir einen Fragebogen aus, auf dem du eingangs ankreuzen darfst, ob die Betäubungsart, die man dir demnächst durch die hiesige Giftküche verabreichen wird, *englisch*, *medium* oder *well done* sein soll.

Die Frage, ob es bei dir je zu Komplikationen in Verbindung mit Narkosemitteln kam, erinnert dich an deine Erfahrungen mit einer Haschischpfeife. Sozusagen ein Matt in fünf Zügen, und danach hattest du dich einen Tag lang für Günter Grass gehalten. Aber das behältst du lieber für dich.

Dein Vertrauen in die Medizin sinkt drastisch, als du in der Zeile darunter um Auskunft gebeten wirst, wer zu benachrichtigen sei, falls du wider Erwarten auf dem OP-Schragen zu erkalten gedenkst.

Unter den gewünschten Angaben deiner Trink- und Rauchgewohnheiten empfiehlst du einen Rotwein aus der spanischen Duero-Region in schmauchender Liaison mit der kubanischen Montecristo Nr.4.

Und als finalen Test, ob diese Formulare auch tatsächlich gelesen werden, notierst Du unter den Angaben zu Alter und Beruf: *546 Jahre, Alchimist.*

Wenig später steht deine Operationsbesprechung an. Der Chirurg, welcher die heilende Hand gegen dich erheben wird, begrüßt dich ermunternd. Keine Sorge, versichert dich der Skalpellmeister, er habe sich auf diesen Eingriff spezialisiert, da sein Alkoholproblem keine schwierigeren Operationen zulasse. Sofern er nicht wie-

der einen epileptischen Anfall erleide, sollte alles glatt gehen. Und, flüstert er dir ins Ohr, ob du eventuell eine Niere entbehren könntest. Diese würde er sodann profitreich weitervermitteln und mit Dir dann halbe-halbe machen. Vorausgesetzt du würdest wieder aus der Narkose erwachen. Sodann grinst der Knochenschlosser dich väterlich an: Keine Sorge, alles nur kleine Medizinerscherze. Er sei quasi Medizyniker, ha ha.
In deiner ersten Nacht arrangieren dir Anastassios, Murali und Norbert ein Kammerkonzert für drei Motorsägen, so dass es Morpheus nur mittels einer Schlaftablette gelingt, dich zu keulen. Am nächsten Morgen erwachst du auf dem Flur. Die Zimmergenossen hatten dein Bett des Nachts dorthin gerollt, da du angeblich furchtbar laut schnarchtest.
An diesem Tag widerfährt dir also das einschneidende Ereignis.
Kurz vor der Operation betritt ein aus XX-Chromosomen perfekt gediehenes Exemplar dein Zimmer: Krankenschwester Sarah. In Gedanken nennst du sie sogleich *Sahara,* da dir in ihrer Nähe der Schweiß ausbricht. Dir begegnet diese pflegende Schönheit allerdings so kalt wie die besagte Wüste bei Nacht. Stoisch kredenzt sie dir ein dreiteiliges Frühstück, bestehend aus einem *Morgen!,* trocken an den Kopf geworfen, einer Thrombose-Spritze, unsensibel in deinen Bauch gerammt, und einer rosa Pille, die sie dir in den Mund stopft. Du fragst die ebenso Spröde wie Schöne, was denn diese Tablette bezwecken soll, da nimmt sie dich lächelnd an der Hand und ihr gleitet durch eine Tür, dahinter sich im Sonnenschein eine endlose Blumenwiese erstreckt, über die ihr nun nackt und mit Rosenkränzen im Haar federleicht dahin tanzt. Zärtlich leckt dir Sahara mit ihrer glühend heißen Zunge über die Wangen

… als plötzlich der Film durchbrennt und Klatschgeräusche ertönen. Sodann erblickst du zwei Männer in weißen Kitteln, die sich im Disput über dein Bein geneigt befinden und es nebenbei mit Markierungen versehen. Offensichtlich eine Strategiebesprechung unter Chirurgen. Plötzlich werden die beiden von Schwester Sahara ermahnt *Schiffe versenken* nicht auf bewusstlosen Patientenkörpern zu spielen, das müsse sie dann hinterher wieder abwaschen. Oh, diese makabren Zivis! Dass deine Operation bereits vorüber ist, erkennst du anhand deines verbundenen Knies und dem inneren Drang, „Die Blechtrommel" korrigieren zu wollen. Als du endlich begreifst, woher deine heiße Wange und diese Klatschgeräusche rühren, bittest du Schwester Sahara, damit aufzuhören, dich zu ohrfeigen, da du sonst der erste Patient sein würdest, der durchs Aufgewecktwerden sterbe. Also auf der Wiese war sie eindeutig netter gewesen.

Zwei Stunden später, in deinem Krankenzimmer, drückst du den Notfallknopf und verlangst dringend deinen Operateur zu sprechen. Als dieser eintritt vermeldest du ihm, neben der Operationsnarbe schmerzhaft einen harten Gegenstand unter der Haut zu erfühlen, vermutlich eine Pinzette. Der Chirurg wird sichtlich nervös und tastet hektisch dein Knie ab. Erfolglos. Du grinst ihn an. Kleiner Patientenscherz.

Danach heißt es für dich nur noch hungrig drauf zu warten, bis die Uhrzeiger endlich auf Gary-Cooper-Zeit vorrücken. Als erstes Mittagsmahl serviert man dir eine üppige Komposition aus vier Salatblättern und einem bei der Steakprüfung durchgefallenen Fleischplätzchen, Geschmacksrichtung „Pferdesattel nach scharfem Ritt". Enthielte das Dessert in seiner chemischen Struktur noch einen weiteren Kohlenstoffring, es wäre wohl ein Plastikbecher geworden. Und anstelle von Besteck legte man dir lediglich Pinzette und Skalpell bei - der wenig subtile Hinweis deines Chirurgen, wer in diesem Hause die Scherze macht.

Auch am dritten Tag deines Aufenthalts reagiert Schwester Sahara auf deine Freundlichkeiten weiterhin antiseptisch. Und dabei hattest du dir am heutigen Morgen sogar eine kleine Zielscheibe auf den Bauch gemalt, um die Griesgrämige aufzuheitern, wenn sie dir dahin die Thrombosespritze verabreicht. Doch hielt sie die Kreise für ein Melanom und schlug Alarm. Als Vergeltung für ihre Bloßstellung vor dem Stationsarzt hatte die Gedemütigte dafür gesorgt, dass dir von ihren beiden Zivi-Schergen ein Kochsalz-Klistier verabreicht wurde. In diesem Karboltempel sind sie nachtragender als ein indischer Elefant.

Inzwischen zeigt sich euer Krankenzimmer von Patienten der ganzen Station frequentiert. Hat doch Anastassios inzwischen ein Büro für illegale Sportwetten eröffnet, während Murali seine Zimmerecke in einen florierenden Marktstand für Alltagsbedarf verwandelte. Indische Düfte und Flötenmusik erfüllen den Raum, bunte Tücher bedecken die grauen Wände - man sollte nur darauf achten, nicht versehentlich auf die Kobra zu treten. Auf Bestellung kocht der indische Zimmergenosse auch ein ausgezeichnetes Curry. Anfangs tagte hier zudem ein durch Norbert gegründeter Stammtisch von OP-Veteranen, doch dem wusstet ihr abzuhelfen. Nur zu gern begrüßte Murali deinen intriganten Vorschlag, dem allseits nervenden Labersack ein extra scharfes Chicken-Curry zu bereiten. Just nach den ersten Bissen transpirierte der gute Nobby bereits wie eine Sprinkleranlage, sodann glaubte er, seine Zunge schlage Blasen und kurz darauf flehte er gar einen Chirurgen an, er möge ihm den

Unterkiefer absägen. Seitdem spricht er nicht mehr mit euch. Geht doch.

Am Abend betritt nochmals Schwester Sahara das Zimmer, um deinen Verband zu wechseln. Dabei überrascht sie dich mit der Frage, wie es dir eigentlich gelungen ist, dich so ungeschickt zu verletzen.

Also erzählst du ihr deine Geschichte, in all ihren Schrecken.

Erzählst ihr von der Sparkasse, in der du dich zufällig aufhieltest, als ein bewaffneter Maskierter hereinstürmte und euch dort stundenlang festhielt. Berichtest ihr, wie du dich schließlich dem Bankräuber als Geisel im Tausch für eine junge Frau anbotest. Wie der Polizeischarfschütze, als ihr beide sodann aus der Bank kamt, versehentlich dir mit einem Gummiprojektil ins Knie schoss und der Räuber sodann unerkannt mit einer halben Million fliehen konnte. Schwester Sarah habe davon bestimmt in der Zeitung gelesen. Nein, habe sie nicht, haucht dir die schöne Frau bedauernd entgegen. Aber sie betrachte dein Verhalten als ungemein heldenhaft. Welch eine Courage! Bescheiden wiegelst du ab und erwiderst nur, dass es Situationen gibt, wo ein Mann tun muss, was ein Mann tun muss. In diesem Moment werden die Berührungen von Schwester Sahara behutsamer - ja, gar zärtlich. Wie sie weiterhin so an dir hantiert, denkst du an Kläranlagen, Eitergeschwüre und Dirk Bach, in der Hoffnung, dies möge dein primäres Geschlechtsmerkmal vom Zeltbau mit deiner Sporthose abhalten.

In dieser Nacht träumst du von deiner Zukunft mit Schwester Sarah: Lust, Liebe, Hochzeit, Kinder, Haus, teures Auto ... Schulden, Alkoholismus, Pfändung, Kinder zur Adoption freigegeben, gemeinsamer Banküberfall und anschließende Flucht in die Karibik - herrlich!

Deine romantischen Pläne zerbrechen wie dein Meniskus, kaum dass dich deine niederträchtigen Freunde besuchen. Einer von ihnen erzählt nämlich sogleich Sahara, wie du dein Knie auf dem Einser-Sprungbrett im Freibad verrenkt hattest, als du dort abgerutscht bist, während du vor einer Gruppe junger Frauen mittels einer simplen Arschbombe den Tarzan geben wolltest.

Parbleu! So wird die gekränkte Schwester Sarah dir gegenüber wieder zum wandelnden Gefrierpunkt, mit Blicken, die klarstellen, dass euer beider Körper niemals näher als eine Thrombose-Spritzenlänge aneinander geraten würden.

Am Abend betritt unter Fanfarenklängen ein großes Namensschild den Raum. Daran ist ein Mann befestigt. Auf dem Schild steht: *Chefarzt Prof. Dr. Dr. med. habil. Becker.* Dieser lässt sich von einem untertänig dreinblickenden Arzt seines zehnköpfigen Gefolges über deinen Fall in Kenntnis setzen. Dabei gehen mehr lateinische Begriffe über den Tisch als bei einem Exorzismus. Während er an dein Bett tritt und sich beinahe interessiert nach deinem Befinden erkundigt, küsst du ehrfürchtig seinen Siegelring. Sodann klagst du dem Pontifex Clinicus, nach ersten Gehversuchen Platsch-Geräusche im geflickten Knie zu vernehmen, worauf jener dir empfiehlt, zur Frequenzüberlagerung künftig während dem Gehen zu pfeifen. Ferner lobt Äskulaps Nachfahre die schönen Narben auf deinem Knie. Sie erinnern ihn an den Stadtplan von Venedig, dahin er unbedingt wieder einmal reisen wolle. Bevor er mit seiner Entourage abziehen und seinen nächsten Italienurlaub planen kann, fragst du ihn noch: „Wann werden mir Menschenkind diese Gebeine wieder lebendig und ich entlassen?" Und er spricht zu dir: „Das weiß allein der Herr - also jener, der hier für vollständige Zimmerbelegung zuständig ist."

Und siehe da, in diesem Siechenhaus scheint man Gebeine im Akkord zu restaurieren, denn schon am nächsten Tag wird dein Bett anderweitig benötigt und man setzt dich vor die Tür.
Deinen Abtransport übernimmt Achilleás Eudoxia, wobei es sich aber nicht um ein lädiertes Körperteil handelt, sondern um einen griechischen Taxifahrer.

Von: "Hilde Maier" <patronin@landluft.de>
An: "Frederic Maier" <rammelmaier@darkroom.com>
Datum: 22.08.2012
Betreff: Ein Brief von Deiner Mama

Lieber Frederic,

wie kannst Du mich nur so vernachlässigen!
Du undankbarer Sohn, ich hätte damals das Geld von dem Wanderzirkus nehmen sollen, der Dich als Kleinkind kaufen wollte. Nun sind es schon über fünf Monate, dass wir nichts mehr persönlich von Dir aus der großen Stadt gehört haben.
Und dennoch: Wir sind ja so stolz auf Dich, mein Junge! Es ist schön, Deine studentischen Fortschritte verfolgen zu können. Die Universität hat neulich einen Brief für Dich an uns gesendet. Sie konnten angeblich Deine Adresse nicht ausfindig machen – so eine Schlamperei. Jedenfalls schrieben sie, dass Du die Exmatrikulation bestanden hast.
Gratuliere!
Deine E-Mailadresse nebst Passwort fand ich übrigens zufällig in einem Geheimfach deines alten Schreibtischs notiert. Leider entdeckte ich darin auch einige schmuddelige Zeitschriften mit halbnackten Menschen, die schwarze Ledermasken und Peitschen tragen. Ach, hätten wir nur früher gewusst, dass Dir so etwas gefällt - wir hätten Dir als Bestrafung bestimmt nicht so oft den Hintern versohlt.
Dass Du von mir eine E-Mail bekommst erstaunt Dich bestimmt. Du musst wissen, um auf dem Laufenden zu bleiben haben Papa und ich einen Senioren-Computerkurs absolviert und uns dann eine dieser Kis-

ten angeschafft. Sind ja ganz praktisch - aber ich frage mich, wie die Leute in dieses „Internet" kamen, bevor es die Dinger gab.

So, nun will ich Dir mal erzählen, was sich hier bei uns im Dorf getan hat, seit Du Studieren gegangen bist. Viel gibt es ja nicht zu berichten.

Opa Gottfried ist gestorben. Na ja, er war ja schon über 95, da kann man der Hebamme keine Schuld mehr dafür geben. Auf dem Sterbebett bat er uns noch drum, sein Haus zu verputzen. Das machen wir natürlich - aber mit seinem Ersparten fangen wir an.

Deine Schwester und ihr Mann machen neuerdings Hausmusik. Es muss ein großes Orchester sein, denn in ihrer Hofeinfahrt stehen immer viele Autos. Sie spielen wohl Musik der 1920er Jahre, denn sie nennen sich „Swinger Club". Nächstes Wochenende wollen Dein Vater und ich uns das auch mal anhören.

Ach ja, Dein Vater, der macht mir etwas Sorgen.

Seit er in Rente ist, weiß er nicht so richtig, was er mit sich anfangen soll. Zu Beginn spazierte er täglich durchs ganze Dorf und gab den Nachbarn allerlei nützliche Ratschläge, aber jetzt lässt ihn keiner mehr rein. Damit er seelischen Ausgleich bekommt, hatte ich ihm vorgeschlagen, ins Yoga zu gehen. Aber der Yoga-Trainer war wohl ziemlich unerfahren, denn Dein Vater kugelte ihm gleich bei der Begrüßung mit einem Schulterwurf den Arm aus - diesen Kniff hat man ihm damals bei den Panzergrenadieren beigebracht. Von den anderen Yoga-Teilnehmern wollte dann keiner mehr gegen Deinen Vater antreten und sie haben ihn gebeten, nicht wiederzukommen.

Ach ja, letzte Woche bastelte Papa einen Tragegurt, mit dem er eine Videokamera an unserer Katze befestigte, um einmal zu sehen, wo Kriemhild sich den ganzen Tag so herumtreibt. Interessante Aufnahmen, sage ich Dir - wir kommen seither nicht mehr zum Fernsehschauen. So haben wir herausgefunden, dass Herr Schulz unsere verschwundene Heckenschere in seinem Gartenhäuschen versteckte, Brinks nachts heimlich ihren Müll bei Klaasens in die Tonne stopfen und dass Frau Novak ein Verhältnis mit Herrn Thoma hat. Auch dass Herr Richter gerne Frauenkleider trägt, war uns neu - die stehen ihm aber gut. Heute, nach Einbruch der Dunkelheit, wollen wir mal nachsehen, was in dem Teppich eingewickelt ist, den Herr Niemöller vor vier Tagen heimlich nachts unter seinem Komposthaufen vergraben hat. Ist nur, weil Frau Niemöller seit einiger Zeit nicht mehr aus dem Fenster schaut, wie sie es sonst täglich machte, mit diesem grässlich geblümten Kissen als Armauflage. Und wir konnten sie auch sonst nirgends auf den Aufnahmen finden, obwohl Dein Vater Kriemhild durchs offene Fenster ins Niemöllersche Wohnzimmer geworfen hatte. Ich hoffe nur, niemand hat das gesehen, denn Kriemhild richtete da drin ziemlichen Flurschaden an, als Niemöllers Dobermann sie entdeckte.

Aber nun zu Dir, Junge, wie geht es Dir denn?

Anhand Deiner Kontobewegungen sehe ich zumindest, dass Du noch lebst. Herr Maier von der Sparkasse war so freundlich, zuerst mich anzurufen, um die Sache mit der Überziehung Deines Kreditrahmens zu besprechen, bevor die Bank rechtliche Schritte gegen Dich einleiten wird. Ich habe die Sache geklärt, ohne Deinen Vater mit diesem Wissen zu belasten, wenn Du verstehst, was ich meine. Ihm habe ich gesagt, dass ich die 20.000 Euro zur Renovierung der Waschküche benötigte – dahin geht er ja nie.

Aber sag mal, was bedeutet auf Deinem Kontoauszug „Downhill Free Ride Carbon MTB" und für welches

Studienfach benötigst Du das? Auch die regelmäßigen Abbuchungen durch „Suzi Wong's Massage Club" sind mir noch unklar – ist das dieses Reha-Zentrum, das Du aufgrund Deiner Rückenwirbelprobleme zweimal wöchentlich aufsuchst?
Und die restlichen Ausgaben?
Haben die damit zu tun, dass Du neben Deinem Studium inzwischen noch an irgendetwas zur Rettung der Umwelt tüftelst? Zumindest gehe ich davon aus, dass Du etwas derartiges machst, nachdem Du auf diesem Twitter mitteiltest, dass Du dienstags und donnerstags eine „MILF" bearbeitest, da sei bei ihr die Luft immer rein.
Mein fleißiger Bub!
Aber, mein lieber Frederic! Zwar freut es mich, dass Du in diesem Facebook so beliebt bist und über fünfhundert Freunde hast. Nur, sag mir, woher haben einige davon so merkwürdige Bilder von Dir? Etwa diese Aufnahme, auf der man Dich in einer McDonald's-Uniform den Fußboden wischen sieht - war das ein Faschingskostüm?
Und da sind ja noch so viele andere Bilder von Dir in diesem Facebook. Wie ich sehen kann, schmeckt Dir inzwischen Bier. Nun ja, das mochten wir auch schon als wir jung waren - aber wir tranken es aus Gläsern und leckten es nicht von irgendeiner Tanzfläche. Und welches Ferkel von einem Freund hat sich da auf Deine Hose und Hemd erbrochen - ich meine das Bild, wo Du schlafend auf dem Müllcontainer liegst, während Dir jemand eine Clownsmaske ins Gesicht malt?
Ha ha, nun fragst Du Dich bestimmt, woher ich das alles weiß. Dass es diese unnützen Dinger gibt, also die Twitter und den Facebook, und was man damit machen kann, hat mir Deine Ex-Freundin gezeigt. Ich traf sie neulich zufällig auf der Straße und sie meinte, es müsse mich bestimmt wahnsinnig interessieren, was Du so

treibst. Recht hat sie. Sie gab mir auch den Tipp, mich mittels falschem Namen und Bild bei Dir als „Freund" einzuschleichen. Diesen Trick hat sie angeblich von Dir gelernt. Als ihr noch zusammen wart, hättest Du auch mehrere Internet-Profile mit unterschiedlichen Namen angelegt und dich heimlich mit anderen Frauen getroffen. Das habe sie herausgefunden, als Du versehentlich *sie* unter falschem Namen kontaktiert hattest.

Junge! Ich war empört darüber, dass Du so ein Lügner sein kannst und merke, wie ich mich schon wieder darüber aufrege. Diese Unehrlichkeit hast Du von Deinem Vater geerbt. Also von Deinem leiblichen, meine ich.

So, jetzt ist das auch mal raus - aber nur weil ich mich so aufrege: Ja, Du bist ein Kuckucksei!

Andererseits, Du bist jetzt 36 Jahre alt, ich musste es Dir irgendwann mal sagen. Schützenfest, frag nicht weiter. Und nimm diese Neuigkeit jetzt bloß nicht so schwer, mein Junge. Du musst wissen: ich habe Dich trotzdem sehr sehr lieb.

Und ich weiß, das wird allein das Geheimnis von uns beiden bleiben - sonst zeige ich dem Mann, den Du Papa nennst, das Bild, auf dem die Feuerwehr das Auto, das er Dir vor sechs Monaten neu kaufte, aus dem Badesee zieht, während Dir ein Polizist den Führerschein abnimmt.

Nun will ich Dich aber in Ruhe lassen, damit Du Deine Studien weiterhin so fleißig vorantreiben kannst. Antworte mir in einer Lernpause und sende mir dann auch Deine neue Zimmernummer im Studentenwohnheim, damit wir Dich demnächst mal besuchen können.

Und schreib mir bald zurück, sonst lasse ich Dein Konto sperren.

Es drückt Dich ganz doll

Mama

P.S.: Was meinst Du damit, wenn Du in diesem Facedings unter „Status" vermeldest: *Habe Besuch und lasse den Fleischhobel oszillieren*? Kochst Du neuerdings selbst?

Das Feuerwehrfest

Bauer Franz massierte sich mit einer Hand den schmerzenden Kopf und blickte sinnierend durchs Küchenfenster auf die Kuh vor seinem Stall, die sich nicht von den anderen drinnen unterschied - außer, dass sie tot war.

Was für ein fürchterlicher Schlamassel an diesem Sonntagmorgen, klagte er innerlich. Und das, obwohl der gestrige Tag so schön gewesen war, als man das tollste Feuerwehrfest in der Dorfgeschichte gefeiert hatte.

Traditionsgemäß war die Feierlichkeit im Spritzenhaus mit Fassanstich und Weißwurst-Frühstück eröffnet worden, dazu der Gesangverein untermalend sein kollektives Maul sperrangelweit aufriss.

Am Nachmittag erfolgten sodann die traditionellen ländlichen Spiele.

Man begann mit dem allseits beliebten Schweineaugen-Weitspucken. Da es zum Mittagstisch Schlachtplatte gegeben hatte, waren die Teilnehmer gesättigt und es war nicht mehr zu befürchten, dass sie die Augen bereits im Vorfeld aufaßen. Der Toni hatte schließlich am weitesten gespuckt und das lebende Spanferkel gewonnen.

Und da rief man auch schon zum Kuhfladen-Roulette.

Dafür wurde eine kleine Weide in die erforderlichen hundert Quadranten eingeteilt und die Zenzi hineingetrieben. Zenzi schiss diesmal auf G-4. Die Schreiner-Moni hatte richtig getippt und heimste das riesige Käserad, einen Korb Eier und eine Flasche Schnaps ein.

Und dann war's an der Zeit für die Königsdisziplin: das Pfosten-Saufen.

Bereit, dem Delirium tremens zu begegnen, klemmten die Gladiatoren ihren Arsch geübt auf die vorbereiteten Zaunpfähle. Ein jeder von ihnen hatte alle fünf Minuten einen halben Liter Bier zu leeren. Ungefähr eine dreiviertel Stunde lang hielten sich sämtliche Pfostensäufer recht wacker. Von da an ging es jedoch recht flott. Nach und nach fiel einer um den andern wie Fallobst von seinem Pfahl und wieder einmal war es Dorfschmied Heiner, dem der Tierarzt mit einem Löschschlauch den Sieger-Magen auspumpte.

Weil dann abends beim Tanz auch alle anderen besoffen waren, konnte keiner sagen, wer mit dem Werfen von Käsebatzen und Eiern angefangen, noch, wer das quiekende Spanferkel am Fahnenmasten stranguliert hatte.

Und was für ein Finale, als plötzlich Feueralarm ausgelöst wurde.

Pflichtbewusst rückten alle Dorfbewohner, also jene, die noch bei Bewusstsein waren, im Spritzenwagen mit Blaulicht aus, die Schreiner-Moni nackt und jauchzend auf der Leiter sitzend, ohne zu bemerken, dass es das eigene Spritzenhaus war, was da brannte. Auch kam man nicht weit, da der Feuersee dem Löschfahrzeug partout nicht ausweichen wollte.

Illuminiert von den ersten majestätisch brennenden Heuschobern, ging so das Fest offiziell zu Ende, während unweit eine Kuh ihr Leben aushauchte.

Bauer Franz betrachtete noch immer grübelnd jenes leblose Rindvieh, das da im Hof lag.

Franzens Problem war, dass ihm weder die Kuh noch der demolierte Traktor gehörte, der in der ramponierten Stallwand steckte. Im Rausch war er nachts versehentlich mit dem Trecker des Huber-Bauern heimgefahren, ohne zu bemerken, dass hinten die Zenzi angebunden war.

Nach drei Kilometern war ihr wohl die Puste ausgegangen.
Ausgerechnet die Zenzi, jammerte Franz. Die Diva des Kuhfladen-Roulettes!
Das würde Ärger geben...

Denn im Wald da sind die Räuber
Chronik einer Midlife Crisis
Teil V

Wachet und betet, dass ihr nicht in Versuchung fallt! Der Geist ist willig; aber das Fleisch ist schwach.
Markus 14, 38

Ein großes Ungetüm zieht röhrend übers Land. Rauch entsteigt seinen Nüstern. Es zählt mehr als 3500 Jahre, weist 100 Arme und Beine auf sowie eine dritte Zahnreihe. Nein, kein uralter hungriger Drache auf Beutesuche. Nur der Rentnerclub „Goldener Herbst" unterwegs im Bus auf großer Kaffeefahrt.

Und auch du befindest dich unter den Reisenden im Bauch dieses Ungeheuers, obwohl nicht so reich an Lebensjahren. Noch befindest du dich in einem Alter, das die Rentenkasse noch hoffen lässt, sich späteren Pensionszahlungen durch dein sozialverträgliches Frühableben ersparen zu können. Dein bisheriger Lebenswandel lässt sie dies leider zu Recht erwarten.

Zwar befindest du dich auf dieser Ausfahrt, bist aber dennoch nicht derart vom Wahnsinn gezeichnet, dass du um ihr halbseidenes Wesen nicht wüsstest. Nein, dir würde niemand eine solarbetriebene Friteuse aufschwatzen. Und auch keinen Mitesser-Aussaugapparat, erweiterbar auf Ohrenschmalz-Entfernung, mit integrierter Alternativ-Hautcreme-Aufbereitung.

Nein, im Gegensatz zu den hier anwesenden Naivlingen verfolgst du weitaus höhere Ziele. Diese Reise wird dir Reichtum zeitigen, hattest du doch eine schriftliche Benachrichtigung vom Veranstalter erhalten, darin man dich zur Aushändigung eines Hauptgewinns von 3.000 Euro einlud. An dieser Auslosung teilgenommen zu haben, glaubst du dich vage erinnern zu können. Zugegeben, es ist dir etwas der Überblick abhanden gekommen, was dein Lieblingshaustier, die Computermaus, in letzter Zeit so anklickte. Sind es doch unzählige Engagements in allerlei Lotterien, denen du dich in den dunklen Stunden beruflicher Deprimierung hingibst, also täglich, in der Hoffnung, sie mögen dich bald einmal vom Joch der Maloche befreien. Das von dir ermittelte Lösungswort, HÄGGOGACK, sei völlig und ganz richtig, so schrieb man dir, und man flippe vor Freude beinahe schon aus, dir deinen Gewinn persönlich in die Pranken drücken zu dürfen.

Und so bist du noch vor Sonnenaufgang in besagtes Fahrzeug gestiegen, um diese finanzielle Angelegenheit zu deinen Gunsten zu regeln.

Aus Mangel an anderer Beschäftigung studierst du nochmals die Tagesordnung, die deiner Gewinnbenachrichtigung beilag: *Abholung in modernem Reisebus. Ausgiebiges Frühstücksbuffet. Sektempfang mit anschließender interessanter Werksmesse. Reichhaltiges Mittagessen. Überreichung der Hauptgewinne. Rückfahrt.*

Allerdings versetzt dich die Qualität des ersten Agendapunktes, das fortschrittliche Transportgefährt, sogleich ins Grübeln. Bei Dunkelheit zugestiegen, nun aber erhellt durch Sonnenlicht, das nur diffus durch die verschmierten Scheiben zu dringen vermag, entpuppt sich das Gefährt als schäbige, klappernde Rumpelkiste, die du auf der Emissions-Liste gleich hinter China einordnen würdest.

Der Fahrer, ein nordeuropäischer Rastafari, vermeldet via Lautsprecheranlage, *Yo, Man, yo!*, er und sein „Mädschik Bass" wären für diesen „sträinschen Ivent" nur „gedschartert" worden – ansonsten habe er mit dieser Abzocke hier nichts zu ... Geraschel, ein Knacken,

Flüche, Proteste, dann bricht die Verbindung ab. Sekunden später erschallt eine andere Stimme aus den Lautsprechern, die da also spricht: Man habe es nun mit „Herrn Peter Müller" zu tun, der all die anwesenden Tand-Touristen willkommen heiße im Namen der Vander-Stange Großhandels-KG. Diese Laute, denen du die Scheinheiligkeit bereits anzuhören glaubst, entfleuchen einem stark gebräunten Gesicht mit gezupften Augenbrauen, welches dadurch nun wirkt, wie das eines Brandopfers nach notdürftiger Korrekturoperation. Das schadhafte Antlitz sitzt auf einem erbärmlich auf Jugendlichkeit getrimmten Geck in violett schimmerndem Anzug, dessen Haupthaar man mittels Butterschmalz und einer Maurerkelle frisiert zu haben scheint.

Wie in seiner Broschüre versprochen, so fährt die versengte Schmalzlocke fort, biete das bekannte Unternehmen hier und heute spezielle Waren an, die derart exklusiv seien, dass man sie nur auf dieser Veranstaltungsreise erwerben könne und man möge diesbezüglich der Göttin Pekunia reichliche Opfer darbringen.

Gegen acht Uhr verlässt der Bus mit euch Ausschuss-Ausflüglern die Autobahn, rumpelt über Feldwege durch dichte Wälder und hält schließlich an einem Landgasthof, der letztmals wohl zu Napoleons Zeiten einer Renovierung unterzogen wurde. In einem Saal mit einer stirnseitigen kleinen Bühne, geruchlich eindeutig eine Hommage an die Turnhallen der 70er Jahre, findet laut Agenda nun das Frühstück statt. Kurz darauf besteht eine enorme Divergenz zwischen deiner Vorstellungsgabe und dem tatsächlichen Sachverhalt: In einem Nebenraum kredenzt man dir ein hartgekochtes Ei, das man dir mangels ausreichender Anzahl an Bechern auf ein Schnapsglas steckte. Ferner einen Stein, zur Form eines Brötchen geschliffen und belegt mit Wurst, die aussieht wie der erfolgreiche Versuch zur Züchtung von Analog-Salami. Du reklamierst deine verschmutzte Tasse, worauf man dir erklärt, das sei der Kaffee.

Nach der üppigen Mahlzeit spricht erneut die untersetzte Schmalzlocke: Wie im Prospekt vermerkt, sei diese Reise ja umsonst, jedoch nicht kostenlos. Nur das Sitzen im Bus wäre frei - für Nebenkosten wie etwa Kraftstoff und Mahlzeiten müsse man von jedem Teilnehmer nun einen Obolus in Höhe von 30 Euro einziehen. Käme jemand dieser Zahlung nicht nach, so würden seine beiden Assistenten diese Person nach draußen begleiten und ihr beschreiben, in welcher Richtung man durch diesen unwegsamen Wald die 100 Kilometer zu Fuß am schnellsten wieder nach Hause käme. Sogleich reklamierst du bei Scheich Schmalzlocke die Lächerlichkeit dieser Forderung, schließlich sei er zur unversehrten Rückkehr seiner Klienten verpflichtet. Außerdem sei dies so auch nicht in jenem dargereichten Prospekt vermerkt, das du inzwischen eingehend studiert und nebenbei grammatisch für jugendgefährdend eingestuft hast.

In diesem Moment ragen hinter Schmalzlocke zwei Männer auf wie Kraftwerkskühltürme, die Stiernacken gebeugt von schweren Goldketten, unrasiert und gewandet in knallfarbene Sportanzüge, darin du dich nicht einmal überfahren lassen wolltest. Einer dieser Helfer im Balkan-Smoking geht auf dich zu und prophezeit dir flüsternd, sollte weitere Kritik deinerseits anfallen, dass du demnächst die Lektüre *Wie esse ich ohne Unterkiefer* in Anspruch nehmen müsstest. Unterstreichend legt er dir seine mit vier großen Goldringen bestückte Faust ans Kinn. Aus dieser Perspektive betrachtet erscheinen dir die 30 Euro wiederum lächerlich wenig und du gibst ihm noch einmal soviel Trinkgeld, auf dass er sich damit Reinigungsmittel für seine Goldringe kaufe, damit er diese nicht an deinem Unterkiefer polieren muss. Auch die Frage nach deinem Gewinn willst du zu einem günstigeren Zeitpunkt stellen. Jetzt bist du dir sicher, dass man euch alle auf der Rückfahrt in Ketten legt und unter den Sitzen Pedale ausgeklappt werden, die ihr sodann zu treten habt.

Als Schmalzlockes Scherge von dannen gezogen ist, tätschelt dir dein Sitznachbar, ein betagter Herr mit einem Bundespräsidentengesicht, den Arm und mahnt dich zur Geduld, alles würde sich finden. Er und seine Mitreisenden würden einmal monatlich solch eine Tour absolvieren und dabei stets auf ihre Kosten kommen. Die Erkenntnis, dass dieser offensichtlich verblendete Mann dennoch wahlberechtigt ist, erschreckt dich zutiefst.

Sodann beginnt man mit der Produktvorführung und du siehst bereits Anzeichen, dass diese armen alten Menschen sich auf dem besten Wege befinden, Opfer von Betrügern zu werden. Etwa fand der versprochene Sektempfang zur ersten Veranstaltung nicht statt, was vermutlich an der interplanetaren Kapillarwirkung liegt, denn der Ausfall wird nicht näher begründet.

Auf dem Podium hält Schmalzlocke zwischen Daumen und Zeigefinger eine Ampulle voll roter Flüssigkeit in die Höhe, derart ehrfürchtig als habe er das Blut Christi in Händen. Und wahrlich, es scheint nichts Geringeres zu sein: Bei diesem Produkt, so proklamiert er feierlich, handle es sich um das „Coenzym 08-15", chemisch erschaffen aus DNA von Blutflecken des Turiner Grabtuchs. Irgendwo aus dem Hintergrund ertönt ein „Halleluja". Dieses Mittel, regelmäßig eingenommen, mache aus dem brachliegenden Rentnerhirn einen hochleistungsfähigen Prozessor, der beispielsweise seinen Besitzer daran hindere, nach 15 Uhr mit nur Kleingeld in den

Supermarkt zu gehen. Nebenbei verwandle es die Großmutter in einen lüsternen Humidor und härte den pensionierten Penis derart, dass man damit Korn dreschen könne.

Er selbst trinke es regelmäßig, proklamiert Schmalzlocke, und rate zum reichlichen Kauf der Ambrosia, da er sonst allen eine Appetitlosigkeit unterstellen müsse und das Mittagessen als hinfällig sehe.

Du fragst dich, ob du nach Konsum von Coenzym 08-15 wohl aussehen würdest wie Schmalzlocke. Da du das nicht willst, beschließt du, mit der Rentnerarmee im Rücken, deinen Hauptgewinn einzufordern. Schmalzlocke bedankt sich bei dir, für das Aufgreifen dieses wichtigen Themas. 100 Ampullen des zertifizierten Gesöffs kosteten nur 3.500 Euro. Das bedeute, rechnet er vor, dass du also zu deinem nur in Verbindung mit dem Kauf von Coenzym 08-15 ausschüttbaren Hauptgewinn nur noch 500 Euro aufzahlen müsstest. Und weil heute Jupiter im dritten Haus stehe, stocke Schmalzlocke dieses Angebot für Schnellentschiedene auf und lege als Bonus gratis oben drauf: ein mit Grillkohle zu betreibendes Öko-Dampfbügeleisen, wahlweise eine Krokodilfalle oder ein Stofftier, das sagen kann: „Brennen soll Karthago!"

Der Bundespräsident gibt dir durch Zeichen zu verstehen, das Mittel nicht zu kaufen und du fragst dich, ob dein Äußeres eine derartige Hoffnungslosigkeit ausstrahlt. Er flüstert dir zu, einige andere Rentner und er hätten sich abgesprochen, zum Schein jeweils eine Packung des Wundermittels zu bestellen, damit man endlich zum Mittagessen käme und du fragst dich, was hier eigentlich vor sich geht.

Endlich Mittagspause.

Das servierte Essen sieht aus wie von Jamie Oliver kreiert. Und schmeckt leider auch so.
Und schon geht der Basar der Nutzlosigkeiten weiter.
Das zweite Produkt aus Schmalzlockes Resterampe ist ein Wasserbett mit Wellenfunktion. Unverblümt befiehlt er all jenen, die nicht den Lockungen des Coenzyms 08-15 erlegen sind, sich gefälligst solidarisch zu zeigen und eine solche Aqua-Pritsche für 3.500 Euro zu erwerben. Schließlich könne man die Rückreise erst antreten, sobald alle Unkosten gedeckt seien. Du stellst dir diverse erotische Akrobatiken vor, die dieser mechanische Ozean ermöglicht, doch dann erinnerst du dich deines zwischenmenschlichen Aggregatzustands - single - ergo würde dieses Ding in deinem Schlafzimmer nur als Totes Meer herumstehen.
Auch diesbezüglich scheint eine geheime Absprache deiner Mitreisenden zu bestehen, denn mehrere Rentner greifen zum Bestellschein. Unter falschem Namen ausgefüllt, flüstert das Bundespräsidentengesicht dir schelmisch lächelnd zu, damit man schneller voran und endlich zu den Kleinartikeln käme.
Und tatsächlich wird nun ein Decktuch von einem langen Tisch entfernt, darunter eine erkleckliche Anzahl an handelsüblichen Kleinartikeln zum Vorschein kommt, alle ohne Zweifel liebevoll produziert von zarten asiatischen Kinderhänden. Offensichtlich jener Ramsch, auf den alle hier so scharf zu sein scheinen. In diesem Moment spricht das Bundespräsidentengesicht das Wort „Geronimo" in ein Handy. Nur wenige Minuten später treten zwei Polizisten durch die Tür und fordern von Schmalzlocke die Reisegewerbekarte zur Ansicht. Schmalzlocke kann keine solche Lizenz vorweisen, weshalb ihn die Beamten zur Aufnahme der Personalien an ihr Auto führen, während seine beiden Schergen durchs

Fenster flüchten. Diese Gelegenheit nutzen die Rentner um sämtliche Kleinartikel vom Tisch zu räumen und verladen sie in zwei Kleintransporter, die aus dem Nichts aufgetaucht zu sein scheinen.
Die Polizei verteilt das konfiszierte Bargeld wieder an euch und ihr geht zurück zum Bus. Wer brauche schon ein Wasserbett, sagt der Bundespräsident. Oder gar Unsterblichkeitstropfen. Aber hierbei käme man stets prima an Fahrräder und Haushaltswaren, die sich online leicht verkaufen ließen. Die Rente sei ja nicht mehr das, was sie einmal war.
Was für eine Raffinesse. Fast tut dir Schmalzlocke leid. Aber du musst zugeben, das siebenteilige Topf- und Pfannen-Set, das du in deiner Tasche mit dir trägst, ist tatsächlich ein günstiges Angebot. Und vom Coenzym 08-15 hast du dir vorsichtshalber 500 Ampullen eingesteckt. Ist wie beten - es schadet nicht, wenn man es tut.
Die Rentner-Gang lädt dich für nächste Woche ein, sie auf eine Kaffeefahrt in den Schwarzwald zu begleiten, man brauche mal wieder Kuckucksuhren zum Verschenken, doch du willst wachen und beten, auf dass du nicht in Versuchung fällst! Der Geist ist willig; aber dein Fleisch ist schwach.

Chicago 1930

Drei Tage nach meiner Rückkehr aus New York, wo ich für Fünf-Finger-an-jeder-Hand-Tony einen Job erledigt hatte, riefen die Bullen an. Es war einer dieser drückend heißen Chicagoer Augusttage, an denen man kaum Luft bekam, außer man hatte Beziehungen. Ich saß gerade gelangweilt am Schreibtisch meines Detektivbüros im dritten Stock eines schäbigen Backsteinbaus in der Baker Street und rauchte noch etwas - vor allem an Hose und Hemd, da es kurz zuvor einen Zimmerbrand gegeben hatte. Ächzend kroch der Straßenlärm die Außenfassade hoch, da die Feuertreppe gestern verrostet abgefallen war. Ich schloss das Fenster, klemmte dabei aber dem eindringenden Sirenengeheul versehentlich die Finger. Kitty, meine sexy Sekretärin, saß im Vorzimmer und hackte irgendetwas auf der Schreibmaschine: entweder ihre Biographie oder die Fleischwürfel fürs Abendessen.
Kitty kam in London als strammer Sohn einer arbeitslosen Jobvermittlerin zur Welt. Sein Vater war der berüchtigte Schlächter von der Themse - ein Fischmetzger, der seinen richtigen Namen beim Glücksspiel verloren hatte. An Kittys Geburt stank es auf dem stinkenden Fischmarkt wie auf einem stinkenden Fischmarkt und die schleim- und bluttriefenden Marktstände troffen vor Schleim und Blut und miesem Erzählstil. Aber das brauchte Kitty nicht zu kümmern, er wurde ja nicht dort, sondern im Krankenhaus gegenüber von allen Pflichten entbunden. Dort musste es zu einer Verwechslung gekommen sein, denn von da an war Kitty die Tochter eines Soldaten, der in der berittenen Gebirgsmarine als Weichensteller diente. Nach einer schlimmen emotiona-

len Erfahrung, Stichwort Lohnsteuerjahresausgleich, stand die junge Kitty vor dem Abgrund - so hieß die Szenekneipe, in der man damals die besten gegrillten Schweinsohren bekam. Nur durch einen waghalsigen Sprung in der Handlung gelang es ihr schließlich, diesem sinnlosen Leben zu entkommen. In der nächsten Einstellung sah man sie schon auf einem Segelschiff unterwegs nach Amerika, verkleidet als blinder Passagier und versteckt in einem Fass gepökelter Heringe. Nach ihrer Ankunft schrieb sie noch am selben Tag den autobiografischen Roman, *Der Anus ist nur das andere Ende des Mundes*. Das Buch wurde auch tatsächlich verlegt, aber leider nicht wieder gefunden.

Nach diesem unerwarteten Erfolg musste Kitty sich entscheiden. Wollte sie künftig als Schriftstellerin arbeiten und so zur Legende auf der Landkarte werden. Oder sollte sie für vier Dollar die Stunde halbtags den Job als meine Sekretärin annehmen. Ich weiß, das klingt lächerlich, aber ich war tatsächlich bereit, einen Dollar über dem Mindestlohn zu zahlen. Dabei fiel mir ein, dass ich ihr noch sechs Monatsgehälter schuldete, doch bei ihrer Dioptrienstärke würde sie mir das nachsehen. Kitty liebte mich seit Jahren abgöttisch, wie es in unserem Genre obligatorisch war, doch laut Drehbuch würden wir nie zusammenkommen.

Ich musste wieder an den New-York-Job denken. Hatte sich als mein bisher schwierigster Fall herausgestellt. Mein erstes Geschäft mit der Corleone-Familie. Die Übergabe war eine heiße Angelegenheit gewesen: Viermal Steinbackofen-Pizza. Die Großkalibrigen, versteht sich - brutal belegt mit bestechlich riechendem Gorgonzola, geschmierter Salami, käuflichen Zwiebeln und erpresstem Knoblauch. Zum Nachtisch gab's einen Pferdekopf. Der Don und seine Jungs saßen alleine zuhause vor dem Fernseher, weil ihre Weiber mal wieder um die Häuser zogen, um die neusten Betonschuhe zu kaufen. Zur Bestellung gab's zwei Flaschen Lambrusco gratis dazu. Eigentlich hätten sie drei bekommen müssen, aber eine davon hatte ich auf der Hinfahrt selber gekippt. Die vierte Flasche war für die Rückfahrt. Welche vierte Flasche, wird sich an dieser Stelle der eine oder andere fragen. Nicht mein Problem, wenn jemand der Handlung nicht folgen kann. Wie gesagt: mein schwierigster Fall.

Die Hitze in meinem Büro wurde unbeschreiblich, weil mir die Tinte ausgegangen war. Den gesamten Raum erfüllte eine knisternde Atmosphäre und ich spürte, es würde gleich etwas Furchtbares passieren. Und das tat es dann auch: Der Deckenventilator ließ noch einmal dieses Knistern verlauten, dann schmorte er durch.
In diesem Moment klingelte das Telefon.
Ich beschloss abzunehmen, wollte zuvor aber noch das Telefonat führen.
Es waren die Bullen.
Ich solle in die Baker Street kommen, sie bräuchten meine Hilfe.
„Als Detektiv oder Pizzabote?", fragte ich.
Ich solle die Scherze lassen, sagten sie. Also schnallte ich mir den 38er um, nahm aber vorsichtshalber zwei Pizzas mit, weil ich meinen Witz nicht kapiert hatte.

In der Baker Street stand ich unter meinem breitkrempigen schwarzen Filzhut und rieb nachdenklich das Stoppelkinn von Sergeant Johnson. Dann presste ich mir eine Lucky auf die Lippen und saugte genüsslich an ihr … oder war ihr Name Lucy? Keine Ahnung, hatte sie am Abend zuvor in einer Striptease-Bar abgeschleppt und ließ mir jetzt von ihr Feuer geben. Nebenbei betrachtete ich den Toten, der stranguliert an einer gusseisernen Straßenlaterne hing. Schöne Laterne. Würde sich bestimmt gut in meinem Wohnzimmer machen, aber die Heimleitung würde das niemals erlauben.

„Der Hund ist also endlich tot", sagte ich und meinte damit den toten Hund, der unterhalb des Erhängten lag. Mir war's recht. Er würde mich niemals wieder beißen, wenn ich nachts besoffen heim kam und ich nie mehr morgens verkatert aufwachen mit dem Gesicht in einem seiner Haufen.

Angesichts des Toten stand ich aber nun vor dem größten Rätsel meines Lebens und zermarterte mir das Gehirn: Wo zum Teufel hatte ich bloß mein Fahrrad abgestellt?

Um Zeit zu gewinnen, da ich mir momentan bezüglich des weiteren Handlungsverlaufs nicht im Klaren war, steckte ich den Lauf des 38er Flachmanns in meinen Mund und nahm einen großen Schluck Maltwhiskey. Es war ein Single Malt, seit er sich vor vier Jahren scheiden lassen hatte. Ich apportierte das Gesöff regelmäßig aus meiner Heimat und jeder Schluck davon erinnerte mich wehmütig an meine Jugend in Schottland. Oder war es Irland, das ich vor 25 Jahren verlassen musste? Damals waren mir Bobby O'Malley und seine Gang auf den Fersen. Ich flüchtete zum Hafen und schlich mich in ein Kirchenschiff, das durch eine sehr ruhige Textpassage nach Amerika segeln würde, da ich leicht seekrank werde. In meiner Notdurft versteckte ich mich in einem Fass mit gepökelten Heringen. In dieser Tonne saß bereits Kitty und so lernte sie mich kennen. Ich lernte Kitty kennen, als ich das erste Mal betrunken spätnachts bei ihr klingelte und sie begrabschen wollte.

Nach meiner Flucht war für O'Malley der Weg frei und er stieg in der Unterwelt zum skrupellosen Kanalreiniger auf. Aber irgendwann räumte ihn eine rivalisierende Putzkolonne aus dem Weg und er krepierte schließlich elend an einer Überdosis Persil. Ja, Bobby O'Malley war längst tot und den letzten Salzhering hatten Kitty und ich vorgestern gegessen. Ich konnte also wieder heimkehren, doch mittlerweile war Chicago die Stadt, in der ich am liebsten kehrte. Heute konnte ich über die ganze Angelegenheit grinsen, dank Zahnersatz. Denn auch wenn ich einst vor O'Malley geflohen war, so hatte ich noch immer den wertvollen Grund für meine Flucht in der Tasche: O'Malleys himmelblaue Murmeln, die ich ihm damals im Kindergarten gestohlen hatte.

Der Herbst ging seinem Ende zu, die ersten Schneeflocken fielen und ich blickte weiterhin angestrengt nachdenkend auf den Erhängten. Nur ein unsagbar scharfsinniger Verstand konnte daran die Kausalitäten und hochkomplexen Zusammenhänge wirtschaftskrimineller Machenschaften von internationaler Tragweite, sowie die zentrale Rolle des Hundeskadavers als Teil einer unerhörten Verschwörung religiöser Fanatiker ablesen.
Ein Verstand, wie ich ihn leider nicht besaß.
„Also gut, Jack", sagte ich zu Sergeant Peter Johnson. „Du hast gewonnen. Ich komm diesmal nicht drauf."
Ich gab dem Sergeant drei meiner Murmeln als verlorenen Wetteinsatz und dann sagte er mir, was passiert war: Tatsächlich hatten die Cops den Toten auf der Strand Street gefunden, in der Hand einen sehr lustigen Abschiedsbrief in jambischem Versmaß. Er war dort in einer Regenpfütze ertrunken, nachdem er aus persönlichen Gründen vom Dach der Fakultät für Kardiale Resynchronisationstherapie gesprungen war. Weil die Bullen aber nicht wussten, wie man Regenpfütze buchstabiert und ich am Wochenende meinen Wohnblock prin-

zipiell nicht verlasse, hatten sie den Verblichenen wie üblich vor Old Mary's Pub geschleift. Dort hatten sie ihn zum Trocknen an eine Laterne gehängt und ihm noch einen Schafskopf übergestülpt, um die arroganten Kollegen von der Spurensicherung reinzulegen. Im übrigen sei der Selbstmörder ein Beamter gewesen, es habe eine Woche gedauert, bis er unten angekommen war.
Auf einmal wusste ich, an wen mich der Tote erinnerte. Zum Glück an niemand, den ich kannte. Und mir fiel wieder ein, wo ich mein Fahrrad vergessen hatte: Vor dem Haus der hübschen Platzanweiserin, die ich im Autokino kennen gelernt hatte, nachdem sie mit ihrem Gabelstapler über meine Füße gefahren war. Wir gingen auf eine schnelle Nummer zu ihr, die ich in ihrem Telefonbuch nachschlagen wollte. Als sie dort aber plötzlich im schwarzen Negligé vor mir stand, vermutete ich einen Trauerfall in der Familie und nahm nur einen *Coffee to go*.
Vielleicht würde Kitty mich auch mal ins Kino begleiten. Ich könnte mit ihr dort im Dunkel des Saals rummachen, ohne dass der Regisseur es mitkriegte ...
Eine Stimme aus dem Off wies mich an, nicht abzuschweifen - Kitty wäre einfach nicht drin.
Ich warf meine Kippe in den Chicago River - beziehungsweise schnippte ich die Fluppe ins geöffnete Fenster eines vorbeifahrenden Trucks, direkt ins Auge des Fahrers, der daraufhin die Kontrolle über seine Karre verlor, deshalb durch die Holzwände eines vollbesetzten Diners brach, dahinter eine Böschung hinab stürzte, wobei er sich mehrmals überschlug bevor er quer über den Kennedy Express Way purzelte, dort zwei Autos plättete und schließlich durchs Brückengeländer krachte und in den Fluss fiel - wo sie zischend erlosch.
Zeit für ein Guinness. Meine Kehle war staubtrocken, was an dem Mehl lag, das ich in diesem Moment kaute.

Ich hatte keine Zeit gehabt, die beiden mitgebrachten Pizzas zuzubereiten, also naschte ich die Zutaten einzeln aus meinen Manteltaschen.
Als der zuständige Lieutenant eintraf, küsste ich ihn zur Begrüßung auf die Stirn. Er war ein vierschrötiger Kerl, seit ihm jemand bei einer Schießerei vier Schrotkugeln in den verlängerten Rücken verpasst hatte. Andere Geschichte. Aber besser als die hier. Pech gehabt.
Er sah mich wie üblich wortlos an, wobei er sich hörbar am Hintern kratzte, bis die Morsezeichen die Frage ergaben: Wer ist tot?
„Der an der Laterne hängt", sagte ich. „Selbstmord in besonders schwerem Fall. Für die Tatzeit hat er allerdings ein hieb- und stichfestes Alibi."
Der mit allen Wassern verbrühte Lieutenant schnallte sofort, dass ich ihm etwas vorenthielt, also rückte ich damit raus: „Meine Hobbys sind rhythmisches Hyperventilieren, Töpfern mit Vogeldreck und autogenes Schweißen."
Daraufhin steckte der Bulle mir unauffällig mein Informantenhonorar zu - fünf Murmeln. Und weil laut Drehbuch irgendein bedeutungsschweres Schlusswort gesagt werden musste, fügte ich noch an: „Der Elefant ist das einzige Tier mit vier Knien."
Dann halfen die netten Pfleger mir in die Zwangsjacke und brachten mich zurück in die Anstalt.

Chicago 1930 - Drei Jahre später

Bis zu dem Tag, als Kitty in meinem Detektivbüro in der Baker Street auftauchte, hatte ich außer der mysteriösen Laternen-Affäre nur noch einen spektakulären Fall gehabt: besoffen aus dem Fenster im dritten Stock bis runter auf die Mülltonnen im Hinterhof.

Meine Geschäfte laufen schlecht, obwohl ich der einzige *Pizza Eye* der Stadt bin - na, Sie wissen schon: Pizza backender Detektiv oder investigativer Pizzabäcker. Ich erfand diesen Beruf, als ich merkte, dass ich gut darin war, aus dem Abfall von Pizzerias noch Essbares zu ermitteln. Von der Jobkombination erhoffte ich mir ein doppeltes Einkommen, doch alles, was ich bekam, war ein heftiger Synergieeffekt, der mich tagelang aufs Bett warf. Über Hoffnung sagt man, sie sterbe zuletzt – aber nicht meine, die hatte eine Patientenverfügung unterschrieben.

Davor hatte ich ziemlich erfolgreich im illegalen Organhandel mitgemischt, damit aber wieder aufgehört, als ich erfuhr, dass meine Niere, ein Lungenflügel und das rechte Auge nicht nachwachsen würden. Aber am meisten vermisse ich meinen Schließmuskel.

Ich hatte es auch mal mit Alkohol-Schmuggel probiert, nachdem ich heraus bekam, dass es sich bei Prohibition gar nicht um eine Geschlechtskrankheit handelt. Die Jungs vom Syndikat hatten eine ordentliche Menge von ihrem schwarzgebrannten Whiskey für mich rangeschafft und garantiert, die großflächige Verteilung wäre für mich ein Klacks – und tatsächlich, der Fusel stieß mir schon an der nächsten Straßenecke auf und ich musste mich entlang acht Häuserblocks übergeben.

Jetzt also Pizza Eye. Doch die vielen Jahre in diesem Job haben mich schwer gezeichnet - das Bild hängt auf meinem Klo, ich würd's ihnen aber für zehn Dollar verkaufen. Ich weiß, so mancher wird sich brennend dafür interessieren, wie es Kitty, meiner sexy Sekretärin, und mir inzwischen ergangen ist. Löschen sie ihre Klamotten, ich erzähl's ihnen auch so.

Nun, Bobby O'Malley ist noch immer tot. Und was Sie bestimmt schon ahnten: Kitty und ich hatten doch noch geheiratet. Sie einen jungen, gut aussehenden Doktor für Angewandte Sodomie, der seltene Feiertage sammelte und auf dessen Penis sich angeblich zehn Bagels aufreihen ließen.

Ich hatte da weniger Glück gehabt: War nach einer ziemlich wilden Nacht völlig verkatert im Bett eines 75jährigen Siamesischen Zwillingspaars aufgewacht, gegen das ich in Old Mary's Pub volltrunken im Schlammcatchen angetreten war. Die beiden hatten mich erst aus dem Schwitzkasten gelassen, nachdem ich sie noch im Ring ehelichte. Ich konnte mich aber später aus dieser Affäre ziehen, indem ich beim Papst Selbstanzeige wegen Bigamie stellte.

Die Sache begann also damit, dass Kitty in mein Büro trat und ich sie gleich anmaulte, wo mein Kaffee bliebe, als mir einfiel, dass ich sie diesen bereits vor drei Jahren holen geschickt und wir uns seither nicht mehr gesehen hatten. Und natürlich war die schwarze Brühe, die sie mir jetzt in einer schimmligen Tasse reichte, inzwischen kalt und bitter. Als ich einen Schluck davon nahm, stiegen in mir auch schon wehmütige Erinnerungen an die gemeinsame Zeit mit Kitty hoch - und einige Schnipsel der Tapeten-Suppe, die ich mir zu Mittag gekocht hatte. Ja, früher hing für Kitty und mich der Himmel noch voller Geigen, aber dann bekamen wir deshalb Ärger mit der Flugsicherung, hängten sie wieder ab und trennten uns.

Kitty verlangte, ich solle den Pizzateig gehen lassen, sie habe mit mir unter vier Augen zu reden. Der war sowieso schon steinhart geworden, weil ich zu viel gemahlene Fußnägel beigemischt hatte, also warf ich ihn aus dem Fenster, das ich dazu besser aufgemacht hätte, und runter auf die Straße, wo er hörbar am Kopf eines Passanten abprallte, bevor er in einer Mülltonne landete.

Der Grund für Kittys Besuch war Top Secret. So hieß Kittys Mann. Neuerdings. Bei seiner Einwanderung trug er noch den Doppelnamen Tobias-Siegfried, aber einige Buchstaben hatte er verzollen müssen.

Und jetzt war er auch noch verschwunden.

Kitty schwor, die Gerüchte über ihren Gatten wären freiweg erfunden - das Hasenkostüm trage er nur bei schönem Wetter und der zehnte Bagel säße tatsächlich sehr wacklig. Plötzlich brach sie in Tränen aus und gestand mir schluchzend, sie habe ihren Mann nur aus Dankbarkeit geheiratet: Sie hinge seit zwei Jahren an der Nadel, sprich sie arbeite Nachtschicht in einer Näherei im Westend, und diesen gut bezahlten Job habe er ihr besorgt. Deshalb, flehte Kitty mich an, solle ich ihren Mann suchen, ihre hilflose Lage aber nicht ausnutzen – das einzige, was sie mir an Bezahlung bieten könne, wäre Geld, ein Aufsichtsratposten in der Näherei und schmutzigen Sex.

Nebenbei fragte sie mich, wie es mir denn so ginge, denn sie habe gehört, ich würde neuerdings einen ausgestopften Hund mit mir herum tragen, der mir angeblich transzendentale Botschaften übermittle.

Der Hund, das war so eine Sache.

Ich fand ihn tot hinter den Mülltonnen, auf die ich damals fiel – verendet an einer Überdosis Frolic - und ließ ihn von einem Schamanen wiedererwecken. Seitdem trage ich ihn immer in einem Rucksack bei mir und lasse mich von ihm in schwierigen Situationen beraten. Denken Sie jetzt bloß nicht, ich sei wahnsinnig - natürlich ließ ich nur seinen Kopf wiederbeleben, den Rest trennte ich ab.

Das erzählte ich Kitty aber nicht. Ich sagte ihr nur, dass es mir sehr gut ginge und ich erst tags zuvor eine süße Kellnerin namens Barbie kennen gelernt hätte, die ich bald heiraten und mit ihr ein Haus bauen würde, weil unser drittes Kind bereits unterwegs sei. Dass ich die Adresse der Kleinen dummerweise gleich wieder verschlampt hatte, behielt ich lieber für mich. Und die Sache mit dem sprechenden Hundekopf, erklärte ich Kitty smart lächelnd, sei nur einer meiner Scherze gewesen - Ausdruck meines Spottes, den ich dieser kranken Welt entgegen brachte. Nebenbei ignorierte ich die Befehle des Hundes im Rucksack unterm Schreibtisch, hier und jetzt Kittys Blut zu trinken.

Zur Ablenkung fragte ich Kitty, wann sie ihren Mann das letzte Mal gesehen und ob sie etwas Sonderbares an ihm festgestellt habe und sie sagte, dass sie ihren Mann vor sechsundvierzig Minuten das letzte Mal gesehen und nichts Sonderbares an ihm festgestellt hatte und ich fragte sie, ob sie sicher sei, dass ihr nichts Sonderbares an ihm aufgefallen war, als sie ihn vor siebenundvierzig Minuten das letzte Mal gesehen hatte und sie antwortete, sie sei sich ganz sicher, nichts Sonderbares an ihm festgestellt zu haben, als sie ihn vor achtundvierzig Minuten das letzte Mal gesehen hatte, und dann fragte ich sie, ob sie wisse, wie man aus diesem verdammten Scheißschachtelsatz wieder heraus käme und sie sagte, ich wäre ja so was von vulgär und solle gefälligst einen Punkt machen. Na also.

Laut Kittys Angaben hatte ihr Mann also vor neunundvierzig Minuten seinen Regenschirm genommen und das Haus in einem Hasenkostüm verlassen. Hatte ihr noch gesagt, er gehe zu seinem Sodomiten-Stammtisch, wolle aber zuvor die kaputte Schreibmaschine und den defekten Fernseher zur Reparatur bringen.
Für mich lag die Lösung so klar auf meiner Hand wie neulich dieser Taubendreck: Kittys Mann, flüsterte mir der Hundekopf zu, war aufgrund seines Doppelnamens schizophren geworden. Die eine Persönlichkeit telegrafierte seitdem mit Außerirdischen, wobei der Regenschirm als Antenne diente und das Hasenkostüm ihn vor Gamma-Strahlen schützte. Dagegen wollte sein anderes Ich die Weltherrschaft an sich reißen, indem es versuchte, eine Schreibmaschine mit einem Fernseher zu kreuzen. Mit dem neuen Apparat wäre es dann allen Menschen möglich, rund um die Welt elektronisch miteinander zu kommunizieren und sobald das soziale Netzwerk einmal funktionierte, würde der Schurke heimlich die Gesichter aller Benutzer in ein Buch abbilden und ihre persönlichen Daten für kriminelle Zwecke missbrauchen. Was für ein Blödsinn ... aber der Hund irrte sich nie!
Andererseits könnte Kittys Mann auch in einer Pokerrunde versumpft sein, wo er alles verloren hatte, einschließlich seines Gedächtnisses. Aber das war meine persönliche Theorie, bei der meine kranke Fantasie mit mir durchging.
Ich dachte kurz nach, dann klingelte es bei mir, also öffnete ich die Tür. Draußen stand Al Capones gelungene Cousine. Oder heißt es gedungener Assassine? Ich verwechsle das immer. Er wollte die Sonderbestellung für seinen Boss abholen, zwei große Teigstiefel, und vertraute mir an, dass damit bald ein noch unbekannter Kerl, der dem Syndikat ein Hasenkostüm gestohlen hat-

te, im Chicago River spazieren gehen würde. Aber das wäre Top Secret, ermahnte er mich, und ich antwortete, dass ich das wisse.

Ich machte mich also auf die Suche nach Kittys Mann und bei der Gelegenheit auch gleich nach dem Sinn dieser Geschichte. Meine Nachforschungen begann ich in Old Mary's Pub, wo ich gleich Unglaubliches herausfand. Nämlich, dass ich siebzehn Whiskeys hintereinander trinken und keinen davon bezahlen konnte. Der Wirt war nicht allzu sauer darüber und die Vorderzähne hätte ich mir irgendwann sowieso ziehen lassen müssen. Als er mich durchs geschlossene Fenster auf die Straße warf, landete ich im Rinnstein, direkt vor dem Zelt einer alten Zigeunerin. Zum Glück hatte ich nichts gebrochen, außer etwas Kartoffelsalat. Die Alte blickte in meine Hand und prophezeite, ich würde bald auf eine Frau namens Barbie treffen, worauf ich sie fragte, woher sie das wisse und sie antwortete, ich hätte mir ihre Adresse auf die Handfläche geschrieben.

Als Barbie und ich uns am Vortag in dem Frühstücksdiner zum ersten Mal begegnet waren, zog sie sich vor Aufregung beim Zusammenzählen meiner Rechnung einen Dezimalbruch zu, weshalb ich sie in ihre Wohnung trug. An dieser Stelle käme die Beschreibung unserer Bettszene, doch sie wurde vom Tierschutz zensiert – man glaubt ja nicht, zu was zwei sexhungrige Menschen fähig sind, wenn man ihnen einen Kanister Getriebeöl und einen elektrischen Quirl an's Bett stellt ...

Ich fragte die alte Zigeunerin, ob sie einen Mann in einem Hasenkostüm gesehen habe, der einen Regenschirm, einen Fernseher sowie eine Schreibmaschine bei sich trug. Die faltige Hexe deutete zu einer großen Glaskugel auf dem Fensterbrett: Ich solle sie beiseite schieben, dann könne ich besser durchs Fenster auf die Straße sehen. Drüben an der Kreuzung läge jemand bewusstlos, auf den diese Beschreibung zutreffe, nur der Regenschirm, das Hasenkostüm und die Geräte würden fehlen. Als ich vor dem Kerl stand, sah ich, dass er komplett nackt war und gerade zu sich kam. Ich verlangte von ihm, sich auszuweisen, doch er antwortete, das mache man nicht selbst, sondern die Einwanderungsbehörde. Da ich aber unbedingt seine Identität herausfinden musste, ging ich in eine Bäckerei und lieh mir zehn Bagels.

Tatsächlich, es war Kittys Mann.

Er erzählte mir, er habe an seinem Sodomiten-Stammtisch alles beim Poker verloren, sogar sein Gedächtnis, und sich danach nackt auf dem Heimweg befunden, als plötzlich ein steinharter Batzen Teig aus einem Fenster geflogen sei und ihn niedergestreckt hätte. Ich fragte ihn, wieso er das alles noch wisse, wo er doch angeblich sein Gedächtnis verloren habe und er antwortete, ich solle gefälligst diese Spitzfindigkeiten lassen, sonst käme man in dieser Geschichte ja nie weiter.

Schließlich offenbarte ich dem Amnesierten seine wahre Identität: Dass er eine Brieffreundschaft mit Alpha Centauri pflege und vorhabe, die Weltherrschaft an sich zu reißen, was er völlig in Ordnung fand. Ich beschrieb dem Schizophrenen noch den Weg zum Erfolg, aber jedem eine andere Route, damit sie unterwegs keinen Streit bekamen.

Dann hatten die Pfleger mich auch schon wieder aufgespürt, in die Zwangsjacke gesteckt und zurück ins Heim gebracht.

Regal-Gespräch

He, alte Schwarte, mach mal Platz da!
Na, na, na, immer schön langsam. Und bitte nicht so drängeln. Wo kommen Sie denn jetzt auf einmal her? Sie standen doch vorher nicht hier.
Neue Praktikantin. Hat mich falsch eingeräumt. Ich gehöre eigentlich unter „Fantasy". In welcher Sparte bin ich denn hier gelandet?
„Bildungsroman".
Ja, da leck mich am Arsch, bei den Oberklugscheißern.
Bitte unterlassen Sie diese Beleidigungen.
Ok, ok. Iss ja gut, Alter. Aber mach dich mal nicht so breit.
Ich muss doch sehr bitten! Dieser Platz hier ist allein für Lektüren meines Kalibers angedacht. Außerdem war ich zuerst hier. Zu viktorianischen Zeiten wären wir beide niemals nebeneinander eingereiht worden. Da trennte man in den Bibliotheken die Bücher der weiblichen Autoren strikt von den männlichen; ausgenommen Werke miteinander verheirateter Autoren.
Ach herrje, prüde isser auch noch.
Nonsens, ich gelte als eines der progressivsten Werke der Literaturgeschichte überhaupt. Sie scheinen mich offensichtlich nicht zu kennen, sonst wären sie gewiss respektvoller in ihrem Umgang.
Stimmt. Ich kenn dich nicht. Aber lass mich mal raten. Hmm, sag mir nur kurz, um was es sich in dir ollem Papierziegel so grob dreht.
Zielt diese Frage auf den Inhalt meiner Handlung ab?
Nee, auf dein Umschlagbild. Natürlich auf deine Handlung!

Also gut. Passen Sie auf: Kurz vor dem Ersten Weltkrieg besucht ein junger Mann seinen lungenkranken Cousin in einem Sanatorium in den Schweizer Alpen. Dort erliegt er völlig dem Zauber des Berges respektive der illustren Gesellschaft von Sanatoriumspatienten. Unter anderen zwei ständig disputierende Intellektuelle und eine schöne Frau. Obwohl er kerngesund ist, bildet er sich ein Lungenkrankheit ein und verbringt schließlich ganze sieben Jahre dort oben. 984 Seiten, gebundene Ausgabe mit schönem Umschlagmotiv.
Meine Fresse, was für ein Plot. Spannend wie ein Sonnenaufgang.
Die Handlung ist natürlich zweitrangig. Man muss wissen, sie dient letztendlich nur als Gerüst für eine fulminante philosophische Abhandlung. Eine Bestandsaufnahme der Welt, um es kurz zu machen. All das vereine ich in perfekter Weise. Obendrein bin ich virtuos geschrieben. Ich bin quasi der Berg in der Literaturbrandung. Meinem Schöpfer, Friede seiner Asche, verlieh man sogar den Literatur-Nobelpreis.
Mann? Thomas Mann? Ha, bist du etwa der unleserliche Scheiß von diesem verkappten Schwulen?
Ich muss doch sehr bitten, sie polemische Ignorantin! Aber wenn sie so wollen: Ja, der bin ich. Doch meinte ich in diesem Falle mit „man" eigentlich nur das Indefinitpronomen der dritten Person, Nominativ Singular: So in der Art von „Da weiß *man*, was *man* hat."
Komplexe hatte der, dein Cheffe.
Mag sein, er war auch nur ein Mensch. Aber halt auch ein Genie. Sie kennen uns also doch?
Ja, hab schon von euch gehört. Quasi flüchtig, hahaha. Aber bei den Hornbrillenträgern dieser Welt habt ihr ja 'n Stein im Brett.

Wohl wahr, man schätzt uns sehr in Intellektuellenkreisen. Ich bin ein Klassiker.
Hat nicht mal wer gesagt, ein Klassiker ist ein Buch, das jeder kennt aber keiner gelesen hat?
Hemingway. Aber bekanntlich hat der sich später mit einer Schrotflinte füsiliert.
Ah ja. Aber noch mal: Was bringt's dir, ein Klassiker zu sein, wenn dich keiner kauft oder ausleiht? Schau mich an. Haste ja gesehen, ich wurde grade erst zurück gegeben und werde seit meinem Erscheinungstag permanent aufs Neue ausgeliehen. Ich bin schon durch unzählige Hände gegangen. Mich liest die ganze Welt.
So viel Umsatz ist verdächtig. Da stellt sich mir die Frage, wer denn Ihre Zielgruppe ist?
Das Durchschnittsalter meiner Kundschaft beträgt 17 Jahre.
Aha...
Selber aha! Sag mal ehrlich, wann wurdest du das letzte Mal von den Händen einer Siebzehnjährigen gestreichelt und daheim in ihrem Jugendbettchen so richtig von allen Seiten durchgenudelt?
Ich räume ein, von einer Siebzehnjährigen noch nie angefasst worden zu sein. Ich bediene eine weitaus reifere Leserschaft. Halt, das stimmt nicht ganz. Einmal, 1958, wurde ich an eine Siebzehnjährige ausgeliehen. Aber sie gab bereits nach der Vorrede, die bei mir „Vorsatz" genannt wird, wieder auf und presste vor der Rückgabe nur noch etliche Blumen in mir.
Ha! Da haben wir's! Und wann wurdest du überhaupt das letzte Mal ausgeliehen?
Das war, hm, ich glaube vor zwei Jahren. Im Sommer. Eine sehr alte Dame. Die Siebzehnjährige von damals. Sie hatte eine Blume in mir vergessen. Diese befand sich noch immer zwischen den Seiten 650 und 651.

Jetzt glaub ich's, dass du ein Klassiker bist. Oh je! Hoffentlich werde ich mal keiner, ha ha ha!
Wo Sie das gerade ansprechen, wovon handeln Sie denn eigentlich?
Keine Ahnung.
Wie bitte? Sie werden doch wohl wissen, mit welchem Inhalt man Sie füllte.
Schon, aber bei mir geht's eigentlich um nix.
Wie kann das sein, es geht immer um irgendetwas.
Na ja, Vampir verliebt sich in Menschenmädchen.
Ah, Dracula! Hocherfreut, Sie endlich einmal kennen zu lernen.
Knapp daneben. Mein Vampir ist eine depressive Teenie-Schnullerbacke im heutigen Amerika und das Mädchen eine zickige Pubertätsbombe. Wie gesagt, die beiden verlieben sich und dann kacken sie hormonell voll ab. Denn sollten die beiden jemals zusammen das Steckenpferdchen reiten, dann würde ihm anstelle eines handelsüblichen Orgasmus ein unaufhaltsamer vampirischer Blutrausch blühen, der ihn zwänge, sein menschliches Liebchen zu beißen und auszusaugen, bis sie aussieht, wie eine Sexpuppe, bei der man den Stöpsel gezogen hat. Folglich würde sie dann ebenfalls zum Vampir werden - hauptsächlich über diese potentielle Karriere ihrerseits zerbrechen die beiden sich seitenweise den Kopf.
Klingt sehr blutig.
Nö. Bis jetzt dübeln sie ja nicht. Blutig wird's nur ein bis(s)chen in der Nebenhandlung. Oder wenn die Schnitte ihre Tage kriegt.
Merkwürdig, ich meine zu wissen, dass Vampire per definitionem impotent sind.

Meine nicht. Die sind fit im Schritt. Da bekommt „Pfählen" eine ganz andere Bedeutung. So unwichtige Details wie Impotenz oder Einäscherung bei Sonnenlichtkontakt lasse ich weg. Ich konzentriere mich aufs Wesentliche: Ewige faltenfreie Liebe. Tausend Jahre Sex. Und danach auch noch.
Äh, ja. Mich dünkt das wie tausend Jahre stets vom selben Schnitzel zu essen. Da ist es doch zu bevorzugen, sieben Jahre auf einem Berg zu sitzen und gelegentlich der Onanie, mit ihrer grenzenlosen Auswahl an Sexualpartnern, zu frönen. Ich zweifle ferner daran, dass die beiden sich nach zehn Jahrhunderten Zweisamkeit die Frage „Hattest du einen schönen Tag?" noch stellen können, ohne sich gereizt dabei gegenseitig die Köpfe abzubeißen.
Ja, ich denke, dass die beiden es deshalb noch nicht gemacht haben, das Sexding.
Und was ist Ihre Essenz?
Hä?
Ich frage: Was wollen Sie mit dieser Geschichte ausdrücken oder anprangern? Geht es Ihnen um Gesellschaftskritik, Rassenprobleme oder die Aidsgefahr?
Nö, hat sich was mit Message. Außer vielleicht: „Blut spenden kann das Leben megamäßig verlängern." Und dabei wurde ich gar nicht vom Roten Kreuz gesponsert. Die Vampire werden auch nicht diskriminiert. Im Gegenteil, die sind selber für Rassentrennung. Und von Aids kriegen die höchstens Kopfweh. Aber...
Aber was?
Aber wenn's in mir überhaupt um was geht, dann sind das Gefühle. Tiefe, komplizierte Gefühle, verstehste? Nee, verstehste nicht. Das begreifen

bloß Pubertierende. Also dann noch mal die Erklärung für Klassiker und Rentner: Entweder lässt sich die Keule von ihrem geliebten Spitzzahn verkniesknaddeln und dabei zwangsläufig beißen. Dann können die beiden Unsterblichen bis in alle Ewigkeit gemeinsam vorm Fernseher sitzen und „Tanz der Vampire" schauen. Oder! Sie entscheiden sich dafür, keinen Sex vor und nach der Ehe zu praktizieren – zur Unterdrückung ihrer Triebe schauen sie sich einfach Bilder vom andern an, als der noch Zahnspangen hatte - sie bleibt ein Mensch, wird übergewichtig, runzlig, zahnlos und stirbt irgendwann ... Hmmm, jetzt frage ich mich aber auch, warum ich so ein Buch geworden bin.

Ah, Sie stecken ja doch voller Philosophie. Das eigene Ich in Frage stellen. Sehr gut. Weiter so! Ich vermute übrigens, ihre Option Nummer zwei wird das Rennen machen. Die ist realistischer. Auch in der Wirklichkeit haben viele Menschen nach der Ehe keinen Sex mehr und sterben irgendwann.

Lass stecken, Alter! Nur die Unwirklichkeit rockt. Und ich bin ihr neuer Prophet.

Und so etwas wird gelesen?

Nur so etwas wird heutzutage gelesen.

Nun ja, wenn der Kulturmond tief steht, werfen auch Vampire lange Schatten. Vielleicht sollte man mich aktualisieren, aus dem jungen Mann einen Zauberlehrling machen und das Sanatorium in eine Magierakademie umwandeln. Meinen Titel könnte man ja belassen.

So was Ähnliches gibt's schon.

Oder ich schule um auf Schafskrimi.

Haben wir auch schon.

Sind Kühe literarisch noch unverbraucht?

Aber dann bitte mit Fortsetzung! Von wegen dem Reibach. Ich bin übrigens schon fünf Bücher.

Bitte reden Sie nicht so, davon bekomme ich Syntax.
Sorry, ich glaube, unser Gespräch endet hier sowieso. An der Ausgabetheke steht eine frühreife Schülerin. Die kann eigentlich nur mich abholen wollen. Also, mach's gut, alter Schinken. Auf dass irgendwann mal wieder jemand auf deinen zauberhaften Berg steigt.

S.P.Q.R.
Ein historisches Ereignis ... was wirklich geschah

„Ich kam, ich sah und ich siegte", konstatierte Julius Cäsar feierlich.
Kleopatra, die nackt unter ihm lag, seufzte betrübt: „Wahrlich, oh Gajus Julius, Du kamst in mir, kaum dass du mich sahest und dein Verlangen siegte wieder einmal über das meine."
Cäsar, der die Befriedung Ägyptens besser verstand als die Befriedigung von dessen Königin, erhob sich nun vom Leopardenfell, kleidete sich hastig an und verließ seine Gespielin mit knappem Gruß. Denn kehrte er nicht rechtzeitig heim, würde ihm Calpurnia, sein keifendes Weib, den abendlichen Kaldauneneintopf verweigern. Zudem schien ihm seine Alte neuerdings vom Wahn befallen zu sein. Am heutigen Morgen, als der listige Cäsar gerade zu seiner Geliebten aufbrechen wollte - vorgeblich jedoch um den Senat aufzusuchen, da vielleicht ein weiterer Feldzug gegen Pompejus zu bereden wäre - faselte Cäsars Gemahlin von einer geträumten Prophezeiung.
„Julius", mahnte Calpurnia schreckensbleich. „Hüte dich vor den Iden des März sowie vor deinem Adoptivsohn Brutus!"
„Den heutigen Tag nennt man die Iden des März, Weib", klärte sie der Erfinder des Julianischen Kalenders auf. „Weshalb sollte ich diesen Tag fürchten und mich zudem vor Brutus in Acht nehmen?"
Und Calpurnia erwiderte: „Brutus schneidet dir immerzu Fratzen und an den Iden des März bekomme ich schon wieder meine Tage."

Cäsar war erstaunt, hatte er doch stets angenommen, dies wäre Brutus' natürlicher Gesichtausdruck. Sodann entsendete er einen Boten in den Senat, der sein soeben gefasstes Gesetz überbringen sollte, welches die Menstruation fortan nur noch einmal monatlich erlaubte.
„Ach ja, bevor ich's versäume, dir kund zu tun.", vermeldete Calpurnia noch wie beiläufig. „Meine Mutter kommt heute zu Besuch."
Bei allen Göttern, die Schwiegermutter! Wahrlich ein unheilvoller Tag. Cäsar befahl sodann den Aufmarsch sämtlicher Legionen – ob sie gegen Pompejus oder Calpurnias Mutter ziehen sollten, wollte er nach seinem Besuch bei der liebreizenden Kleopatra entscheiden.
Nun also sah man den Imperator Julius Cäsar, noch streng nach Kleopatras Eselsmilch riechend, über Roms nicht minder stinkenden Marktplatz heimwärts eilend. Am Bretterverschlag eines Händlers hielt er zum Atemschöpfen schweißtriefend inne. So durchnässt war er letztmals gewesen, als ihn sein bockiger Gaul beim Überschreiten des Rubikon abgeworfen hatte und er in den schlammigen Grenzfluss geplumpst war. Und nur weil ihn die noblen Römer ob seines schmutzigen Gewandes verhöhnt hatten, war von ihm der Bürgerkrieg ausgerufen worden – welch spaßiges Dreckschmeißen es doch gewesen war, dabei er die Republik beendet und die Diktatur begründet hatte.
Die gigantische Sanduhr drüben beim Circus Maximus, befüllt mit gemahlenen Nubiern, zeihte nichts Gutes. Cäsar würde sich verspäten. Um die argwöhnische Gemahlin jetzt noch zu besänftigen, half einzig die Ausrede, er habe noch nach einem Geschenk für sie gesucht. Ein Geschenk. Jedoch, was für eines? Vielleicht ein diamantbesetztes Opfermesser? Ja, das war nicht schlecht gewählt, denn Calpurnia verübte während den monatlichen

Haus-Orgien gerne Ritualmorde an ihren Sklaven. Obwohl. Opfermesser waren teuer und der hohe Sklaven-Verschleiß ging ebenso ins Geld. Ach was, ein gezinktes Würfelspiel tat's auch. Damit konnte sie seine Prätorianer um ihren Sold betrügen.

Als der Händler Roms erstem Diktator den gefüllten Würfelbecher reichte, entglitt diesem das Behältnis und fiel in einen Abwasserkanal.

„Die Würfel sind gefallen.", stellte Cäsar fest. „In Roms Cloaka Maxima. So verkaufe mir halt doch ein Opfermesser."

„Vergebt mir, oh Imperator", flehte der Händler. „Doch kann ich euch kein einziges Schlachtmesser mehr feilbieten, denn gar Merkwürdiges trug sich heute zu. Nur eine Stunde zuvor fand sich eben hier eine Schar Senatoren ein und feilschte mit mir um sämtliche Opfermesser. Selbst euer Zögling Brutus fand sich unter den Käufern."

„Auch du, mein Sohn Brutus?", resümierte Cäsar gekränkt. Beim Jupiter, hatte denn der halbe römische Senat ein schlechtes Gewissen seinen Weibern gegenüber?

Cäsar würde sich ein Messer borgen müssen.

Und also beschloss der große Julius Cäsar, an den Iden des März, vor den Senat zu treten und die Senatoren aufzufordern, jemand möge ihm geschwind einen Dolch zustecken.

Galileo
Ein historisches Ereignis ... was wirklich geschah

„Und sie bewegt sich doch", triumphierte Galileo, nachdem er sich minutenlang abgemüht hatte, um diese vermaledeite Holzschraube zu lösen. Endlich ließ sich der Fensterladen öffnen, damit er in Erfahrung bringen konnte, weshalb sich auf dem Campo dei Fiori ein so fürchterliches Geschrei vollzog.

Man schrieb den 17. Februar Anno Domini 1600 und niemand ahnte auch nur, dass sich in dieser schäbigen Kammer über einer Backstube mitten in Rom der große Wissenschaftler Galileo derzeit verborgen hielt. Einesteils hatte ihn die dreifache Vaterschaftsklage seiner Haushälterin zu diesem anonymen Aufenthalt inspiriert. Vornehmlich gründete seine Flucht aus Pisa jedoch in den fatalen Folgen eines Pendel-Experiments, welches er heimlich am Campanile erprobt hatte.

In jener verhängnisvollen Nacht ward von Galileo geplant, mittels Ochsengespann und der Zugrad-Konstruktion eines nicht untalentierten Mechanicus namens Leonardo da Vinci, eine Kuh auf halbe Höhe des Campanile zu heben, um sie sodann in Schwingung zu versetzen. Von dem Experiment erhoffte er sich Aufschluss über Gesetzmäßigkeiten des Fadenpendels. Zudem gedachte er entrahmte Milch zu erhalten, ward ihm doch von seinem Medicus unlängst eine solche Diät verordnet worden.

Je nun, einmal angetrieben ließen sich die dummen Ochsen nicht mehr einhalten, weshalb das muhende Pendel stracks bis zum Anschlag empor gehievt wurde. Ja, und sodann - Oh ihr erbärmlichen Pisaner Baumeister! - ward es geschehen: Der Turm hatte sich plötzlich geneigt!

Justament als das Seil riss, plumpste die bedauernswerte Kuh stracks abwärts gen Heiliges Feld. Doch welch aufschlussreiche Beobachtung: Als die Kuh geschwind der Schwerelosigkeit ausgesetzt war, strebte ihre Geschwindigkeit nach anfänglich beschleunigter Bewegung einem konstanten Wert zu.

Freier Fall... hmm... das musste sich Galileo bei Gelegenheit notieren.

Plötzlich kam Lärm auf. Der Nachtwächter hatte Alarm geschlagen und lief nun brüllend durch Pisas Gassen, lauthals verkündend die Stadt werde von fliegenden Kühen angegriffen. Kopflos floh Physicus Galilei noch in derselben Nacht aus Pisa. Einen Bäckergesellen mimend, wollte er sich hier in Rom verbergen, bis Gras über die schiefe Angelegenheit gewachsen war.

Als Galileo nun den Fensterladen öffnete, stach ihm anstelle des üblichen Duftes von gebackenem Brot nun jäh ein beißender Gestank in Nase und Augen. Sodann erspähte er den Dominikanermönch Giordano Bruno, einen Bruder im wissenschaftlichen Geiste. Jener befand sich gegenwärtig in hitzigem Disput: Bruno ward auf einen lodernden Scheiterhaufen gebunden und beschimpfte den umstehenden, schändlich spottenden Pöbel. Bruno, dieser Starrkopf. Hatte jener doch aller Welt gepredigt, die Erde kreise um die Sonne. Und dafür brannte dem bedauernswerten Narren nun die Kutte.

Galileo war entsetzt. Unten herrschte Festtagsstimmung und er hatte keinen Wein zur Hand.

„Bruno, du Dummkopf", seufzte Galileo, wohl wissend um die Richtigkeit von dessen astronomischer Erkenntnis. „Ich hatte dich doch gewarnt: Wenn einem die Inquisition im Nacken sitzt, den Erdenball stets flach halten!"

Die Liebenden von Waterloo
Ein historisches Ereignis ... was wirklich geschah

„Ich wollte, es wäre Nacht oder die Preußen kämen", fluchte Wellington ärgerlich, als eine Kanonenkugel unweit seines Zeltes einschlug und ihn die Erschütterung aus seiner französischen Mätresse katapultierte. Bereits zuvor schon waren die Todesschreie der Soldaten immer lauter den Hügel zu ihm empor gedrungen und hatten ihn in seiner Lustbarkeit gestört. Wellington war aufs Äußerste ungehalten. Konnten seine kämpfenden Soldaten da draußen nicht mit etwas mehr Contenance krepieren? Gar schlecht erzogene Verwundete, die so unschicklich winselten, derweil er zu kopulieren gedachte.

Der vermaledeite Kanonendonner hielt nun bereits seit Stunden an. Über dem Schlachtfeld war der Himmel verdunkelt vom Pulverdampf schwerer Artillerie, welche von beiden Seiten der Frontlinie her unermüdlich feuerte und ihr todbringendes Eisengewitter über die kämpfenden Soldaten herabregnen ließ. Und obwohl ihre Reihen von Kanonenkugeln immer wieder aufs Neue zerfetzt wurden, marschierten die wackeren Landsknechte beharrlich in Phalanx mit ausgestreckten Bajonetten aufeinander zu. Wildes Geschrei brandete auf, als die verfeindeten Heere hauend und stechend ineinander fuhren wie tausendfingrige Hände zum Gebet. Eine furchtbare Blutpolka war angestimmt worden und ihre Melodie breitete sich weit über die Felder aus.

Wellington blickte auf seine Mätresse, die sich ängstlich in die Laken hüllte. Höfische Sitten und politische Zwänge hatten beide genötigt, ihre unheilige Liebe vor Adel und Volk zu verbergen. Als sodann dieser gnadenlos geführte Krieg entbrannt war, besiegelte dies

die Unmöglichkeit ihrer Liebe endgültig. Wellington wusste: Diese geheime Liebesnacht war ihre letzte. Der Ausgang dieser Schlacht würde beider Schicksal besiegeln und die Welt für immer verändern.
In diesem Moment erschallte das Schlachtfeld voller Jubelgeheul. Die Franzosen waren vernichtend geschlagen.
„Der Kampf hat endlich die erhoffte Wendung genommen", stellte Wellington erleichtert fest und sprang erregt auf. „Ich muss zurück in mein Feldlager reiten und die Kapitulationsbedingungen für den besiegten Feind formulieren ... "
Sein Blick wurde kalt.
„ ... und ich verlasse dich für immer!"
Er küsste seine kleine französische Kurtisane ein letztes Mal innig auf den Mund, während ihre zarte Hand in seinem Schritt eifrig die mächtige Wellingtonia schüttelte. Nachdem er seine Munition verschossen hatte, erhob sich Wellington kaltherzig vom warmen Liebeslager, legte seine Uniform an und schwang sich auf sein Pferd, wofür er aufgrund seines noch immer erigierten Liebessäbels drei Versuche benötigte. Dann ritt er fort.
Von den zerwühlten Laken aus blickte Napoleon dem davon galoppierenden Liebhaber wehmütig hinterher. Wellington war zum Schlachtfeld hinab gesprengt mit den Worten: „Ich wollte, ich wäre heute Nacht in einem Preußen gekommen." Weinend glitt Napoleon aus dem Frauenkleid, wischte sich das Rouge von Mund und Wangen und schlüpfte wieder in seine kaiserliche Uniform.
„Au revoir, mon General", schluchzte der Kaiser, während er eine Hand wie gewohnt tief ins Jaquette steckte und damit den kleinen Bonaparte massierte. „So lässt Du

mich zurück mit gebrochenem Herzen. Wahrlich, nun bin ich reif für die Insel."

Der Alchimist von Syrakus
Ein historisches Ereignis ... was wirklich geschah

„Heureka", stieß Archimedes erregt hervor und furzte noch einmal.
Er saß in einem Badezuber und beobachtete die aufsteigenden Blasen, welche, kaum an die Oberfläche gelangt, platzten und sich ein schneidend würziges Aroma verbreitete. Dass Archimedes in einer mit Wasser gefüllten Holzwanne saß, geschah unter Zwang. Hera, sein Weib, hatte ihn da hinein verfrachtet, da sie die Pläne des gerissenen Denkers, durch Gestank seinen ehelichen Pflichten zu entgehen, durchschaut hatte. In Syrakus nannte man Hera hinter vorgehaltener Hand stets nur „Die Archimedische Schraube". Sie war herrisch, grob und sehr geschickt mit dem Teigholz. Vor einer Woche erst hatte sie Archimedes damit eins übergebraten: Bloß weil ihn ein Geistesblitz ereilte, worauf er spontan einen Kreis in den neuen Küchentisch ritzte, diesen in 96 regelmäßige Vierecke unterteilte und sich so einer mysteriösen Verhältniszahl näherte, die er „Pi" nannte, weil sie ihm die sechzehnte Tracht Prügel in diesem Jahr eintrug.
„Heureka!" Nochmals. Der Rückstoß von Archimedes' Blähungen hob seinen fetten Wanst spielend in der Wanne an.
Das hier war hydrostatischer Auftrieb!
Archimedes musste diese Entdeckung jemandem erzählen. Aber nicht seinem Weibe! Seit jenem Tag, da er Hera einen bronzenen Hohlspiegel gedengelt, darin sich das Sonnenlicht bündeln ließ, so sie sich damit nach dem Bade ihre Locken trocknen könnte, sich dabei aber vielmehr ihre gesamte Haarpracht entzündet hatte, hütete er sich davor, ihr von seinen Erfindungen zu berichten.

Und so sprang der erste Hydrauliker der Welt aus der Wanne, um seine jüngsten Erkenntnisse König Hieron II. brühwarm kund zu tun. Um diese Stunde hatte der Tyrann von Syrakus meist schon jemanden gefoltert, sodass sein Geist geöffnet für Archimedes' Neuigkeiten sein dürfte und der Herrscher sich vielleicht sogar geneigt zeigte, weitere Forschungen mit seinen Drachmen zu fördern.
Jedoch, des Königs Geist ward abgelenkt.
Erneut ward ein Punischer Krieg in vollem Gange und der Despot stand fluchend an einem der von Archimedes konstruierten Katapulte und fuhr seine Soldaten an, mehr brennende Pechkugeln gen Meer zu schleudern, um die Belagerung Syrakus' durch die Römische Flotte abzuwehren. Wie aufgescheuchte Hühner rannten die Belagerten brüllend über die Stadtmauern, warfen Speere, Steine, Hausrat, zanksüchtige Weiber, also jegliches zum Töten geeignete Gerümpel, auf die Invasoren hinab, derweil Archimedes tropfnass und nackt unter ihnen stand, und jemanden suchte, dem er seine jüngsten Erkenntnisse kund tun durfte. Doch ihm, der seit der letzten betäubenden Begegnung mit Heras Nudelholz nun auch um die Anzahl der Sandkörner wusste, die es brauchte, um das Universum zu füllen, hörte keiner zu.
Derart unterbeschäftigt beobachtete Archimedes die bogenförmige Flugbahn eines römischen Speers. Sodann tunkte er seinen Finger in die Wunde eines toten Soldaten und notierte folgende Überlegung auf dessen Hemd: *Eine Wurfbahn beschreibt sich als Teil einer nach unten geöffneten Parabel. Somit ergibt sich die Wurfhöhe als Integral der Geschwindigkeit über der Zeit. Folglich ist bei einem Abwurfwinkel von 45 Grad die maximale Wurfweite erreicht.* Grübelnd zog Archimedes mit dem linken Fuß Kreise und Parabeln in den sandigen Boden. Wüsste er den genauen Abwurf-

winkel des römischen Speers, sowie dessen Anfangsgeschwindigkeit, dann ließe sich dadurch im Voraus berechnen, wo die Lanze einschlagen würde.
Der Speer traf Archimedes in die Brust.
„Stört meine Kreise nicht.", stieß er noch ärgerlich aus, dann fiel Archimedes tot hintüber. Wohl wahr, seine Tötung sollte der Römer signifikantester Beitrag zur Mathematik bleiben.

Vorbereitete Dankesrede eines Autors im Falle seiner Auszeichnung mit dem Literatur-Nobelpreis

Hochverehrtes Nobel-Gremium!
Ladies and Gentlemen!
Lieber Carl Gustav!
Sie haben mein Landwirt-Epos, *Traktoren, ich höre euch brummen,* für preisenswert befunden und damit Gelehrtheit bewiesen. Um ganz ehrlich zu sein: Ich wusste, dass mir diese Auszeichnung irgendwann zuteilwerden würde, hatte man diesen epochalen Bildungsroman doch zuvor im Gemeindeblatt meines Heimatdorfes zum „größten landwirtschaftlichen Debakel seit dem Bauernkrieg" gekürt.
Die Statuten der Nobelstiftung verlangen nun vom Preisträger entweder die Mitwirkung an einer Promi-Koch-Show oder das Halten einer Vorlesung. Zweitem will ich also genüge tun mit nachfolgender Retrospektive - um nicht zu sagen Anklage! Danach wird es gewiss jeden der hier Anwesenden ebenso tragisch wie unverständlich anmuten, weshalb ihre Willkür, wertes Nobel-Gremium, nie zuvor ein Mitglied meiner außergewöhnlichen Familie mit literarischen Anerkennungen bedachte.
Schon unserem Stammvater gebührt posthum eine Ehrung für sein erzählendes Werk.
Jenes Genie, von seinen Zeitgenossen nur Hurga genannt, behauste vor 11784 Jahren eine zugige Höhlen-WG im Neandertal für vier Muscheln monatlich. Kaltmiete, versteht sich. Da seinerzeit noch Sprachlosigkeit herrschte, ersann Hurga als erster die Bildergeschichte. Mit aus Blut gemischten Farben zeichnete er formvoll-

endet gesellschaftskritische Dramen auf Höhlenwände. Als jedoch aufgrund des zunehmenden Verschwindens von Talbewohnern die Frage aufkam, mit wessen Blut Hurga eigentlich seine Farben aufbereite, sah sich der nur seiner Kunst dienende Schriftsteller zur Flucht genötigt. Er stieg in den erstbesten Gletscher, der über die Alpen driftete, und sprang erst wieder davon ab, als dieser an den Gestaden Ägyptens zu einer surfbrettgroßen Eisscholle zusammengeschmolzen war.
Doch damit beginnt erst die abenteuerliche Geschichte meiner Familie.

Einer von Hurgas Nach- und somit meiner Vorfahren, ein gewisser Papyros, fristete im Ägypten des Jahres 1347 v. Chr. sein Leben mit dem Verfassen von Fortsetzungsromanen auf Mumienbinden. Zu der Zeit begab es sich, dass die Bitte eines gewissen Moses an Papyros erging, er möge für ihn eine Flugschrift erstellen, welche die israelitischen Pyramiden-Sklaven zu einer einwöchigen Afterwork-Party in der Wüste aufrief. Jener Moses hatte es trotz seines Analphabetismus zum Betriebsrat der israelitischen Zwangsarbeiter gebracht, wies dabei jedoch stark schizophrene Züge auf, denn er behauptete, sich gelegentlich von einem brennenden Dornbusch beraten zu lassen. Papyros und Moses kannten sich bereits von klein auf. Sie waren sich erstmals anlässlich einer Schilfkorb-Regatta des Kindergartens auf dem Nil begegnet, bei der man Moses jedoch wegen Unsportlichkeit disqualifizierte, nachdem jener das Wasser mit seinem Schnuller geteilt hatte und durchs Flussbett ins Ziel gelaufen war.
Papyros erstellte also die Flugschrift für seinen alten Freund Moses. Doch das an Maximalgewinn orientierte Management unter Pharao Echnaton verweigerte den

Israeliten den Chill-out in der heißen Wüste, worauf es zu den legendären Warnstreiks kam, die später von den Bibelkosmetikern als Die Zehn Plagen mythologisiert wurden. Als schließlich die pharaonische Armee die Tarifverhandlungen übernahm, starteten Moses und Papyros kurzerhand die Operation Desert Storm und machten sich mit dem Volke Israel aus dem Staube. Während ihres vierzigjährigen Exodus durch die Wüste Sinai diktierte Papyros seinem Kumpel Mo unzählige Kurzgeschichten und Aperçus als Schreibübungen. Bedauerlicherweise veröffentlichte Moses die krakeligen Übungsdiktate später erfolgreich in fünf pseudobiographischen Büchern, ohne dabei jedoch auf Papyros' Ghostwriterschaft hinzuweisen. Und hätte Papyros auf dem Berge Horeb erahnt, dass sein Grobentwurf eines Zehn-Punkte-Gesetzestextes vom ruchlosen Moses ebenso plagiiert würde, er hätte ihm die beiden Steintafeln wohl kaum umsonst überlassen.

Ein ebenso tragisches Schicksal literarischer Verkennung widerfuhr auch meinem Vorfahren Zacharias, einem Ur-Ur-Urenkel des Papyros, den es im Jahre 740 v. Chr. anlässlich eines Schüler-Austauschprogramms nach Athen verschlagen hatte. Besagter verdingte sich damals als Etiketten-Beschrifter für einen drittklassigen Olivenölhändler namens Homer. Als Zacharias jedoch auf die Idee kam, die Etiketten der Öl-Amphoren seines Arbeitgebers zusätzlich mit selbst erdichteten Götter- und Heldengeschichten zu ergänzen, steigerte dies rapide den Absatz von Homers ranzigem Tran. Letztlich die enorme Nachfrage nach zwei Episodenromanen, welche Zacharias nach seinen Blindenhunden *Ilias* und *Odyssee* titulierte, veranlasste den gewieften Geschäftsmann Homer gar komplett ins Verlagswesen zu wechseln. Allerdings veröffentlichte er Zacharias' tragische Werke allein unter seinem eigenen Namen und wurde reich und berühmt. Mein tantiemenloser Ahn Zacharias dagegen blieb Sozialhilfeempfänger, der in einer Tonne hausen musste, was aber unter intellektuellen Athenern später viele Nachahmer fand. Zacharias gründete in Athen sodann noch eine Familie, die Demokratie und die erste Gyros-Bude. Er beging jedoch wenige Jahre später Selbstmord, als er feststellte, dass er bereits 117 Jahre alt war und seit einem halben Jahrhundert rentenberechtigt gewesen wäre.

Und folgendermaßen geht meine Familienchronik weiter: Attraktive All-Inclusive-Angebote hunnischer und westgotischer Reisebüros lösten ab dem Jahre 370 n. Chr. die Völkerwanderungen aus, deren blutigen Auswirkungen meine Vorfahren zur Flucht von Griechenland nach Germanien nötigten. Erwähnt sei an dieser Stelle mein germanischer Ahn Sigismund, der damals in Lohnarbeit für Herrscher, Könige und Päpste herzlich formulierte Kriegserklärungen verfasste. Anno Domini 605 gewährte Sigismund einmal einem durchreisenden arabischen Modeschöpfer Obdach. Der Name des Burka-Designers lautete Abul i-Kasim Muhammad Ibn Abd Allah, was dessen Frau täglich mehrfache Zungenbrecher beschert haben musste, wenn sie ihn etwa zu den Mahlzeiten rief. Der Morgenländer begeisterte sich sehr für Sigismunds Hobby, eine philosophische Abhandlung hinsichtlich einer völlig neuen Lebensweise, denn er tauschte diese Schriften gegen 72 jungfräuliche Topmodels ein, die er stets mit sich führte. Sigismund staunte allerdings nicht schlecht, als er Jahre später erfuhr, dass Abul i-Kasim Muhammad Ibn Abd Allah unter dem Namen Mohammed eine steile Propheten-Karriere hinlegte. Nun ja, unter dieser schlichten Anrede ließ er sich zumindest einfacher zum Essen rufen.

Hochverehrtes Nobel-Gremium!
Ladies and Gentlemen!
Lieber Carl Gustav!
Ich sehe Ergriffenheit in Ihren Augen, hervorgerufen durch meine bisherigen Ausführungen, und weiß diese Anteilnahme zu schätzen. Doch sparen Sie sich noch etwas Mitleid für das Folgende auf.
Neben dem Verkannt- oder Plagiiertwerden bedroht den Schriftsteller noch ein weiteres Übel.
Es ist die Schreibblockade!
Ich weiß, wovon ich spreche, wurde ich doch selbst einmal von diesem Pesthauch gestreift und kann heute mit Fug und Recht sagen: Es waren die schlimmsten 15 Minuten meines Lebens. Meine Vorfahren jedoch litten unter dieser Synapsenverstopfung über viele Generationen hinweg. Damit dürfte auch geklärt sein, weshalb die Literaturgeschichte während dieser langen Zeitspanne keine erwähnenswerten Lektüren hervorbrachte und die man deshalb auch die Finsteren Jahrhunderte nennt.
Innerhalb unseres Clans entstand erstmals wieder im zwölften Jahrhundert eine Erzählung, allerdings relativ trivialen Charakters. Handelnd von einem blonden Kraftprotz, der einen Drachen erschlägt und in dessen Blut badet, wodurch er sich in wundersamer Weise einen epidermalen Korrosionsschutz verpasst; lediglich inmitten der linken Schulter bleibt er verwundbar. Im weiteren Verlauf der Handlung reißt sich der Raubauz einen gewaltigen Goldschatz unter den Nagel, stiehlt einem Kleinwüchsigen die in chinesischer Kinderarbeit genähte Tarnkappe, kraft derer er eine nordische Gewichtheber-Königin im Schlafzimmer aufs Kreuz legt, heiratet so-

dann noch *das* Topmodel des Mittelalters, bevor ihn am Ende des ersten Teils der Speer des obligatorischen Bösewichts niederstreckt. Im zweiten Teil der Saga verzockt der Mörder den Schatz des gekillten Helden an der Börse, doch sowohl er als auch die konspirativen Schwager bekommen kollektiv Dresche, da die rachsüchtige Witwe den Besitzer eines mongolischen Inkassobüros heiratet, der umgehend zur Schuldtilgung schreitet.

Wie gesagt, ein unausgegorener, um nicht zu sagen nebliger Plot. Der Familienrat beschloss die spätere Umarbeitung des Textes zu einem gesellschaftskritischen Lehrstück und wollte solange den Aufschrieb einem bayrischen Kloster zur Archivierung anvertrauen. Doch veröffentlichte das habgierige Stift die germanische Seifenoper im Eigenverlag und landete prompt einen Bestseller. Diese Schmach veranlasste unsere Familie, die von diesem Kloster regelmäßig bezogenen Bierlieferungen aufzukündigen und es damit in den Ruin zu treiben.

Hochverehrtes Nobel-Gremium, Ladies and Gentlemen, lieber Carl Gustav!

Sie werden sich inzwischen fragen, ob es keine weiblichen Literaturtalente in unserer Familie gab. Hier antworte ich mit einem entschiedenen „vielleicht". Denn Sie müssen wissen, mein Ur-Ur-Cousin Friedrich Schöller fiel einst dem Wahnsinn anheim, als sein Theaterstück *Die Bürgschaft der Glocken-Räuber* bei der Uraufführung floppte. Von da an trug er nur noch Frauenkleider und veröffentlichte anno 1818 als Mary Shelley den Roman *Frankenstein*.

Doch auch in jüngerer Vergangenheit blieben wir nicht von Schicksalsschlägen verschont.

1901 vertauschte mein Großvater selig auf seiner Hochzeitsreise nach München in der Bahnhofsgaststätte versehentlich seinen Mantel mit dem eines gewissen Thomas Mann. Als er den Irrtum entdeckte, sendete er den Mantel nebst prallvoller Brieftasche umgehend retour ins Haus Mann. Seinen eigenen Mantel erhielt mein Großvater auf dieselbe Weise zurück. Nicht aber sein gerade vollendetes Manuskript *Buddenbrooks*, welches zuvor noch in der Innentasche gesteckt hatte. Der Rest ist Geschichte.

Und zu guter Letzt gebührte auch meinem verkannten Vater Jupp dieser Preis, zu dessen Empfang ich nun hier stehe. Ist er doch als „Der poetische Maurer" auf unzähligen Baustellen des Landes bekannt und beliebt. Er veröffentlichte den sozialkritischen Gedichtband *Betonschuhe*, der unter seinen schwarzarbeitenden Kollegen große Anerkennung fand. Ich widmete ihm meine erste Novelle, *Der Wahnsinn ist ein Zementmischer*.

Hochverehrtes Nobel-Gremium!
Ladies and Gentlemen!
Lieber Carl Gustav!
Hier stehe ich also - letzter Spross einer Dynastie verkannter Literaturschaffender - um diese bedeutendste aller literarischen Auszeichnungen entgegenzunehmen.
Ich danke der Jury für ihre Entscheidung, lehne diesen Preis jedoch kategorisch ab, weil er Blödsinn ist.

Foto: Nicolai Köppel

Volker Schwarz
terrestrische Initialisierung 1966
oxidiert vorwiegend nahe 48° 52' nördlicher Breite und
9° 27' östlicher Länge
schreibt wic's kommt ... also anders als er denkt
seit 2003 als Autor tätig für Ingo Klopfers Lesebühne
„get shorties", Stuttgart
www.maringoverlag.de